一学就会的家庭保险规划课

张岩 ◎著

U0361167

机械工业出版社

CHINA MACHINE PRESS

图书在版编目（CIP）数据

一学就会的家庭保险规划课 / 张岩著 . —北京：机械
工业出版社，2023.2
ISBN 978-7-111-72715-6

Ⅰ . ①一… Ⅱ . ①张… Ⅲ . ①保险－基本知识－中国
Ⅳ . ① F842.6

中国国家版本馆 CIP 数据核字（2023）第 037307 号

机械工业出版社（北京市百万庄大街22号　邮政编码100037）
策划编辑：张　楠　　　　　　责任编辑：张　楠
责任校对：李　杉　张　薇　责任印制：郜　敏
三河市国英印务有限公司印刷
2023年6月第1版第1次印刷
170mm×230mm・16.5印张・207千字
标准书号：ISBN 978-7-111-72715-6
定价：79.00元

电话服务　　　　　　　　　　网络服务
客服电话：010-88361066　　机 工 官 网：www.cmpbook.com
　　　　　010-88379833　　机 工 官 博：weibo.com/cmp1952
　　　　　010-68326294　　金 书 网：www.golden-book.com
封底无防伪标均为盗版　机工教育服务网：www.cmpedu.com

2018年开始做保险自媒体的时候，我其实并没有想到自己可以在保险内容上坚持这么久，那时就是想普及一些真正有用的保险知识，谁知道一坚持就是四年多。录制了500多期保险音频，1000多期保险视频，我从一个保险行业的培训讲师，做到了很多粉丝所谓的"网红"。写这本书的初衷，是想把这些年的内容整理成册，有一个系统性的内容输出，算是对自己有一个交代，毕竟这四年多的时间，我写的保险内容将近200万字，将其整理成一本十几万字的保险书还是挺简单的。

随着做内容的时间越长，接触的用户越多，我发现写书的初衷变了，最主要的原因就是用户改变了我。我发现写书并非对自己的交代，而是开始希望这本书的内容真的可以帮助大众消费者在买保险的路上少走一些弯路。

保险从业十几年的时间，找我咨询的保险用户多达数万人，其中有50%以上的咨询用户都是买过保险的，但是在买过保险的用户里面，80%以上的人对自己买的保险是什么，以及保险到底能起到什么样的作用，是完全不了解的。例如，很多读者买了意外险，以为只要自己住院了就可以理赔，但事实并不是这样的，意外险只赔付因为意外导致的问题，如果是自身疾病原因导致的住院是不赔付的。

这样的案例不在少数，仔细想想这个事情其实挺可怕的，我们每天辛辛苦苦地赚钱，然后用辛苦赚来的钱买了一份我们觉得不错的保障，但是到头来这个保险能不能起到作用，我们完全不知道。当发生理赔的时候，很多消费者以为这个保险可以赔付，但是完全不赔付；应该返钱的，也完全返不回来钱。久而久之，保险就变成很多老百姓口中的样子：保险就是这个也不赔，那个也不赔，保险就是骗人的，等等。

对于很多没有买过保险的消费者来说，就更无从下手了。本来就犹豫要不要买保险，结果漫天的新闻都是在说这个拒赔，那个拒赔。保险条款写得又和天书一样，普通消费者如何看得懂呢？

保险是一个好的金融产品吗？我觉得是。为什么这么好的金融产品会出现这样的名声呢？原因有很多，不过一个很关键的原因就是信息的极度不对称。普通的保险消费者很难有途径获取到有用的保险知识。但是现在不一样了，随着自媒体时代的来临，越来越多的人在互联网上发声，大家可以相互交流、相互学习。不过，自媒体虽然方便，但是知识相对来说却极度碎片化。很多保险消费者了解了一些知识，但是只知其一不知其二，最后买的保险依然不适合自己。而且相对来说，自媒体是一个鱼龙混杂的地方，专业的人士有吗？当然有。但是滥竽充数的其实也大有人在。作为普通保险消费者的我们，其实很难区分谁是专业人士，这也就加大了我们获取真正系统化、专业化的保险知识的难度。

本书写作的目的，就是希望在这样一个环境下，给那些想为家庭配置保险的消费者一个系统化、专业化的指导。

从业十几年的时间，我从在保险公司内部做培训讲师，到在上市金融企业做保险部门负责人，再到最后自己创业，做保险自媒体，这期间职位发生了变化，但是有一个核心的"身份"没有变过，那就是保险咨询顾问。

我认为，无论是做内容也好，做企业也好，一切的根本都离不开用户。只有了解用户，才能知道用户需要什么样的内容，知道什么样的产品是用户需要的，什么样的服务是用户需要的。所以无论多忙，我都会经常站在一线和用户沟通，去了解用户想要什么。

也是基于这样的积累，才有了今天你阅读的这本书。本书的所有内容，其实就是我这十几年来和数万名保险咨询用户的沟通内容整理。所以我才说，本书可以解决你90%以上的保险问题，因为这些内容并不是我凭空想象出来的，而是来自用户切身关心的问题。而这些实际的保险问题，通过系统性地梳理，可以让你更全面地了解在规划保险过程中应该注意什么，可以规避掉哪些"坑"。

除了用户关心的内容以外，我的从业经历也给本书内容增加了不一样的视角。

如果根据购买渠道来分类，保险行业大致可以分为四个阵营，分别是传统的大型保险公司（如平安、人寿）、线下保险经纪公司（如明亚、大童）、线上保险经纪公司（如慧择、小雨伞）、香港地区保险公司（如友邦、保诚）。普通用户其实很难接触到这四个阵营的所有产品，但是四个阵营的产品又各有各的优点和缺点。虽然每个家庭的保险规划不一样，最后匹配家庭保险规划的产品也不一样，但是如果连接触更全面的产品的机会都没有，又何谈正确的保险规划呢？

因为行业的局限性，大部分保险从业人员其实就在某一个阵营或者两个阵营从业过，很难系统性地了解其他阵营产品的优缺点，也就无法帮助用户去客观中立地规划家庭保险，而最后保险方案的设计，大概率也是围绕其目前从业及熟知的这个阵营。

用户无法接触到更多保险阵营的产品，而自己的保险咨询顾问对某些阵营又不太了解，可想而知，这个用户的家庭保险规划必然有所局限。而这样的案例在我从事咨询这么多年的经历中不在少数。

我认为，作为一个系统的家庭保险规划实操手册，内容必须涵盖用户可以接触到的所有产品阵营。哪怕最后了解了某些阵营的产品不适合自己，那也是正确的规划过程。如果连了解的机会都没有，那么用户可能就错过了最适合自己家庭的保险产品。

我在这四个保险阵营都有过丰富的从业经验，能从更加全面、客观的角度帮助读者分析和展现各个阵营产品的优缺点，让读者更加清晰地了解到适合自己的产品类型，从而更好地规划自己家庭的保险。

本书主要讲哪些内容

第一点，实操。本书的一个主要特点就是接地气，除了让你看完本书之后增长保险知识，更重要的是让你真正学会规划自己家庭的保险，掌握实操能力。

我们将从家庭买保险应该注意什么讲起，到家庭每一个成员应该买哪些险种，针对每一个险种应该怎么选择产品，选好之后应该怎么买，以及买完以后应该怎么理赔。在规划家庭保险的实操过程中，我们会遇到大量的问题，比如：

- 重疾险是买定期的还是买终身的？
- 百万医疗险怎么买才不会掉到坑里？
- 重疾险的交费年限为什么越长越好？
- 老人到底要不要买重疾险？
- 重疾险要不要买含身故责任的？
- 大保险公司和小保险公司的理赔到底有没有区别？
- 理财类保险的真实收益率到底是多少？
- 保险公司倒闭了怎么办？我的保单会受影响吗？
- 我原来买的保险感觉有点贵，我是退掉呢？还是继续交费呢？
- 网上买的保险靠谱吗？
- …………

我结合十几年的保险咨询经验和数万名保险用户的问题汇总,对保险消费者最关心的这些问题做了详细的解答,希望读者看完本书之后,可以有能力去配置自己家庭的保险。

第二点,原理。所谓"知其然,知其所以然",我们不单单要知道如何去做,还要知道这么做的原理是什么,只有这样我们才能举一反三,甚至是举一反三百。得到答案并不难,难的是以后再面对类似问题时,可以透过现象看本质,找到适合自己的答案。

保险规划本身是一个极其个性化的问题,不同的家庭情况、不同的年龄、不同的身体情况、不同的财务情况、不同的风险承受能力,等等,最后得到的保险方案可能是千差万别的,虽然本书有大量的结论性内容,但是如果读者自己掌握了原理,那么在给家庭配置保险的时候,对得到的结果一定会更加满意。

本书写作就是围绕这两个目的展开的:一个是手把手教你规划自己家庭的保险,目的是实操;另一个目的就是希望你可以知其所以然,明白实操背后的原理。

前面谈及书中主要讲的内容,下面说明一下本书不会涉及的内容:本书不会推荐具体的保险产品,只会讲选择一份保险产品背后的逻辑。因为产品更新迭代非常快,可能本书还没有出版,推荐的产品都已经下架了。我认为,授人以鱼不如授人以渔,当你掌握了挑选产品的逻辑以后,那么选择适合自己的产品就会游刃有余。

如何使用本书

本书框架非常清晰,主要分为"速成班"和"系统班"两个部分。

"速成班"部分。我深知很多读者没有大量时间学习保险知识,只是希望得到一个"答案",那么这个部分就是给这类读者准备的。这个部分的9个要点是我从业十几年，用户问得最多的问题。如果你把这9个要点都看懂了，那么基本上可以得到想要的答案了。所以时间有限的读者只阅读这个部分就足够了。如果想更深入地了解答案背后的本质，可以详细阅读本书的"系统班"部分。

"系统班"部分。这个部分不仅告诉你答案，还会帮你揭示这些答案背后的原理。我希望你是一个喜欢刨根问底的人，这样在规划自己家庭保险的时候，就能做得更加合理。

保险其实并不复杂，很多人觉得复杂的原因是讲保险的人讲复杂了。但是本书不一样，本书把保险简单化，完全零基础的小白也可以轻松看懂。

目录 ▶ CONTENTS

前 言

速成班 ▶ 保险规划并不难，只需掌握这9点

系统班 ▶ 家庭保险规划原理与实操

第5课　投保篇｜投保时最应该知道的事　/ 174

第6课　理赔篇｜买完保险就万事大吉了？这只是刚刚开始　/ 214

后　记｜聊聊写这本书的心路历程　/ 245

INSURANCE 速成班

保险规划并不难
只需掌握这9点

—

50 岁（含）以下的人最需要的商业保险主要有三种：

百万医疗险＋意外险＋重疾险

本书大部分读者最迫切需要解决的问题应该是：我到底应该买哪些保险？到底哪些保险才是对我真正有用的保险？

直接说结论：50 岁（含）以下的人，最需要买的商业保险主要是百万医疗险、意外险、重疾险。而 50 岁以上的消费者的保险配置，在系统班第 4 课会有详细的讲解。

大部分人之所以买保险，想解决的问题都是，如果生病住院了或者是发生意外了，这部分费用可以由保险公司来出。而上述三类保险，就是解决这类问题性价比最高的保险。

1. 百万医疗险

百万医疗险的保障责任和我们国家的基本医疗保险类似，就是生病住院之后，住院的花费可以按照一定比例进行报销。百万医疗险的报销责任有一些注意事项是我们必须知道的。

第一，百万医疗险报销的必须是住院的花费，单独看门诊的费用是不能报销的。

第二，如果我们想用百万医疗险报销，那么我们住的医院必须是二级及二级以上的公立医院。如果是一级医院或者是私立医院，是不能报销的。

第三，大部分百万医疗险都会有1万元的免赔额（有的也叫作"起付线"），简单理解就是，一年内累计花费必须在1万元以上，才可以报销。

第四，百万医疗险分有医保版本和没有医保版本（有的也叫有社保版本和没有社保版本），有医保版本保费（我们每年交给保险公司的钱）会更便宜，而没有医保版本就会更贵。两个版本的报销比例一般都是100%，但是这里有一个注意事项，当买百万医疗险的时候，选的是有医保的版本，但是理赔的时候，却没有用医保先行报销，而是直接用保险公司的百万医疗险去理赔，那么此时百万医疗险的理赔比例就不是100%，而一般是60%。

小知识点：新型农村合作医疗（简称新农合）、城镇居民基本医疗保险、城镇职工基本医疗保险都属于国家基本医疗保险。

我们举个例子来说明一下百万医疗险的具体报销情况。

有医保版本：假设一年住院总花费为10万元，国家基本医疗保险报销了6万元，还有4万元没有报销，那么百万医疗险要先在4万元里面扣除1万元的免赔额，剩下的3万元按照100%的比例进行报销。

没有医保版本：假设一年住院总花费为10万元，先扣除1万元的免赔额，剩下的9万元按照100%的比例进行报销。

说完百万医疗险的基本保障责任，我们来说一下它的优点和缺点，只有优点和缺点全部了解了，我们才能对这类产品有更清晰的认知。

优点一：保额高，保费低。大部分百万医疗险的保额（也就是每年报销的上限额度）可以达到 200 万元，如果是一些比较严重的疾病，例如癌症，有时最高可以报销 400 万元。其保费大概是几百元到 1000 元不等。

优点二：报销范围广。不管是因为生病还是意外，只要是住院的费用，百万医疗险都可以报销。[⊖]

缺点一：保障期限短。百万医疗险属于短期保险，交一年保一年，和我们的车险类似，如果今年没有发生风险，保费自然就消费掉了。如果第二年想继续购买，需要符合保险公司的续保条件。虽然现在市场上已经有保证续保 20 年的产品，但是目前最长也只能保证续保 20 年，20 年后具体能不能继续买，这是一个未知数。

缺点二：既往症不在保障范围以内。不同公司的产品对既往症定义不太一样，你可以理解为，只要是原来已经患有的疾病，需要再次治疗，那么是不能理赔的。比如原来患有糖尿病，那么再次治疗糖尿病的费用，保险公司是不予赔付的。

缺点三：健康告知严格，购买难。百万医疗险可以说是所有保障类保险中健康告知非常严格的保险，身体如果有一些小问题，一般很难投保成功。

缺点四：保费增长。百万医疗险的保费并不是一成不变的，会随着年龄的增长而增长，表 1-1 是某百万医疗险产品的保费变化表，供大家参考。

表1-1　某百万医疗险产品保费变化

年龄（周岁）	有社保版本保费（元/年）	无社保版本保费（元/年）
0～5	556	1 043
6～10	236	400
11～15	183	284

⊖　一些补品等费用无法报销，具体须参照保险条款。

（续）

年龄（周岁）	有社保版本保费（元/年）	无社保版本保费（元/年）
16～20	136	214
21～25	160	370
26～30	232	596
31～35	310	863
36～40	425	1 123
41～45	642	1 662
46～50	824	2 309
51～55	1 130	3 414
56～60	1 419	3 481
61～65	1 693	3 916

百万医疗险虽然有着众多的缺点，但是因为它保额高和保费低，报销范围广，是我们每一个人最应该买的保障类保险。如果对百万医疗险还有更多疑惑，可以详细阅读本书系统班第2课的百万医疗险部分。

2. 意外险

意外险可以说是很多读者最为熟悉的保险了，因为很多人的第一份保险都是意外险。很多人虽然买了意外险，但是对于意外险具体的保障内容是不太清楚的，下面我们重点介绍一下意外险的保障责任。

责任一：身故及伤残赔付对应保额。这里有一个非常重要的知识点需要注意，伤残是按照伤残等级赔付的，并不是按照保额赔付的。我们举个简单的例子，假如买了一份100万元保额的意外险，发生意外身故，保险公司可以赔付100万元。但是发生意外伤残，保险公司并不是赔付100万元，而是按照100万元保额的一定比例进行赔付。我们国家的伤残等级分为十级，一级最重，十级最轻。如果鉴定为十级伤残，保险公司则赔付

10%，也就是 10 万元。依次类推，九级伤残的赔付比例就是 20%，只有一级的情况下，赔付比例才是 100%。

责任二：意外医疗。切记：意外医疗和意外身故及伤残是分开的两个责任。意外医疗赔付因意外导致的医疗费用，而大部分的意外医疗无论是单独的门诊还是住院费用都可以报销，即意外险比百万医疗险多了一个门诊报销。意外医疗也涉及保额、免赔额、报销比例、社保内外用药等。

责任三：意外住院津贴。因为意外导致的住院，意外险每天会按照一定金额进行补助，不同产品不太一样，有 100 元一天的，也有 150 元一天的。

我们通过一个例子来解释意外险的理赔责任。小张同学不幸因一起意外事故被认定九级伤残，住院总费用 5 万元，住院 7 天。小张同学买的意外险保额 100 万元，意外医疗保额 5 万元，免赔额为 0，社保内外用药均可报销，有社保报销比例为 100%，无社保报销比例为 80%，住院津贴每天 100 元。社保可以报销的住院花费为 2 万元。

意外伤残赔付费用：20 万元（九级伤残赔付 20%，即 100 万元保额 ×20%）。

意外医疗赔付费用：3 万元（自己花费 5 万元－社保报销 2 万元）。

意外住院津贴：700 元（7 天 ×100 元 / 天）。

总赔偿费用：230 700 元。

说完意外险的保障责任，我们再来说一下意外险的优缺点。

优点一：保额高，保费低。一般情况下，一份 100 万元保额的意外险，一年的保费在 300 元左右。

优点二：健康告知宽泛，投保容易。大部分意外险都没有健康告知，而部分意外险即使有健康告知，一般也很宽松，大部分消费者都可以购买。

缺点：保障范围受限。意外险只保障因意外导致的问题，意外指的是非本意的、突发的、外来的因素。

意外险是很多消费者比较青睐的一类产品，如果对这类保险还有疑问，请详细阅读本书系统班第2课的意外险部分。

3. 重疾险

重疾险可以说是普通消费者误解最大的一类保险。很多人都知道它的重要性，也买了这类保险，对于它的基本保障责任却不太清楚。下面我们说几个消费者最容易混淆的重疾险要点。

其一，重疾险的理赔方式。重疾险的理赔方式和我们刚才说的百万医疗险完全不一样。百万医疗险属于报销型（也称补偿型）保险，是我们花费多少费用，保险公司按照一定比例给我们报销。重疾险则不然，是我们确诊的疾病符合理赔条件，保险公司会直接赔付给我们一笔钱。

我们举个例子让大家更清晰地了解两者的不同。小张同学不幸确诊了肺癌晚期，一年治疗费用总计30万元，其中社保可以报销14万元。小张同学在患病之前，既购买了百万医疗险，也购买了50万元保额的重疾险。

百万医疗险的理赔：小张同学花费的30万元，首先要扣除社保报销的14万元，再扣除免赔额1万元，最后保险公司应赔付小张同学15万元。

重疾险的理赔：因为小张同学购买了50万元保额的重疾险，肺癌晚期属于重大疾病的赔付范围，所以保险公司直接赔付小张同学50万元理赔款。

最终小张同学通过百万医疗险和重疾险累计获得的理赔款是65万元。

通过例子就是希望让大家更加明白，百万医疗险是报销住院的花费，是花多少报销多少。重疾险则不然，它不是根据看病花了多少钱进行报销，而是根据我们购买的保额进行一次性理赔，买的保额越高，理赔的金额就越多，当然，保额越高，交的保费也就越多。

其二，重疾险的保障期限可以自行选择。重疾险的保障期限一般有保障1年，保障20年，保障30年，保障到60岁，保障到70岁，保障到80岁，保障到终身（默认105岁）。也就是说，我们可以根据自己的需求来选择保障期限，当然，保障期限越长，保费也越贵。

举个例子，假设小张同学和小钟同学分别买了保障到80岁的重疾险和保障到终身的重疾险，两人不幸在81岁的时候罹患了重大疾病，那么小张同学就不能得到理赔，因为他的重疾险只保障到80岁，而小钟同学可以得到理赔。但是，并非说保障到终身的就一定比保障到80岁的更适合，这个要根据个人的情况而定。关于重疾险保障期限的选择，可以详细阅读本书系统班第2课重疾险部分。

其三，重疾险的交费期限可以自由选择。一般重疾险的交费期限有1年（趸交）、5年、10年、15年、20年、30年不等，相当于我们把一共要交的保费分成不同的周期去付款。具体如何选择重疾险的交费期限，可以详细阅读系统班第2课重疾险部分。

其四，重疾险不单单可以理赔重疾，也可以赔付轻症和中症。随着重疾险的发展，现在重疾险不只赔付重大疾病，比如一些轻度的恶性肿瘤、轻度的脑中风等，也是可以赔付的，但是赔付的比例会降低，一般为重疾险保额的30%左右。

其五，重疾险可以理赔多次。现在很多保险公司为了适应消费者的需求，推出了多次理赔重疾险，比如轻症可以理赔3次，中症可以理赔2次，重疾可以理赔2次或多次不等。关于这方面的详细内容，可阅读后面的重疾险部分。

以上五点可以说是大部分消费者最容易混淆的重疾险概念，下面我们再来说一下重疾险的优点和缺点。

优点一：长期保障。重疾险是保障类保险中为数不多的长期保险。大部分的保障类保险都会存在健康告知的问题，而随着年龄的增大，身体的小毛病可能会越来越多，部分消费者就很难再买到保障类保险，百万医疗险就存在这个弊端。而重疾险则不然，因为它的保障时间可以选择长期，消费者只要是在购买的时候身体情况符合健康告知，哪怕日后身体出现了问题，还是可以继续受到保障的。

优点二：理赔方式优。重疾险的理赔方式属于符合保险条款中的规定就可以获得理赔款。所以在实际生活中可能就会存在这种现象，疾病还在治疗过程中，但是我们已经拿到了确诊证明，在还没有出院的情况下，就已经获得了理赔款。

优点三：保费恒定。重疾险的保费不会增长，在交费期限内，每一年的保费都和第一年一样。

缺点一：保费贵。重疾险的保费在所有保障类保险中都算非常贵的。一般而言，在一个家庭的保障规划中，重疾险的保费约占整个保障规划的80％以上，而且被保险人年龄越大，保费越贵。

缺点二：条款苛刻。重疾险的理赔要求必须符合条款中的规定，很多消费者都以为重疾险的理赔会很容易，最后发现基本上是离身故不远的疾病才可以获得赔付，这也是重疾险一直被诟病的原因。那么具体为什么重疾险的条款那么严苛呢？详情可以阅读系统班第2课重疾险部分。

关于要点1的部分，我们的内容到此就结束了。估计看到这里，你应该还有很多疑惑吧？

保障类保险这么多，为什么就这三者最值得买？我还买了其他的保障类保险，难道不值得吗？

为什么我买的意外险价格很贵？

我买的重疾险怎么就没有中症赔付呢？

⋯⋯⋯⋯⋯

不要着急，你关心的问题，后面都会有详细的解答。

我们总结一下要点 1 的主要内容，看看你还记得哪<u>些</u>。

- 50 岁以下最值得买的保险，分别是百万医疗险、意外险、重疾险。
- 百万医疗险有两个优点，保额高、保费低，保障范围广；有四个缺点分别是保障时间短，既往症不赔付，健康告知严，保费递增。
- 意外险的身故及伤残责任和意外医疗是分开赔付的，意外险只赔付意外导致的问题。
- 重疾险是长期保险，保障期限和交费期限都可以灵活选择，理赔方式属于符合规定即可以赔付保额的方式，它和百万医疗险的赔付方式是不一样的。

每一类保险应该买哪个产品性价比最高，其实需要有框架性思维

当我们已经知道了要买哪类产品之后，其实最为迫切的问题就是：应该具体买哪个产品性价比最高呢？这里我先举个例子。

目前在轿车领域，有三种车是大家对比最多的，就是"34C"：宝马3系、奥迪 A4L、奔驰 C 级。这三种车算是各有各的特色，宝马 3 系的综合性，奥迪 A4L 的性价比，奔驰 C 级的豪华内饰，每一种车都有它们各自忠实的用户，我们其实很难说到底谁好谁不好，只能说个人喜好不同。

在保险领域也是一样，我经常说的一句话就是，没有绝对完美的产品，只有适合的人。所以，我们需要知道的是每一类产品的筛选逻辑，也就是我说的框架性思维，把每一类产品中最重要的那几点抽丝剥茧出来之后，再根据个人偏好选择就好了。

1. 百万医疗险的筛选逻辑

百万医疗险应该算三类保险中最好选的一种，主要原因就是产品之间的差异极小，小到最后我们只能凭借个人喜好去选择。这里先说一个结论，只要是可以单独购买的百万医疗险，无论买哪一款，一般都不会掉进大坑，但是小坑可能会有。所以，如果你是一个不想比对太多的人，其实买哪家的都不错。但是，如果你是一个想多对比的人，那么有一些维度是需要更进一步去了解的。

百万医疗险有以下几个维度需要重点对比。

第一，保证续保时间。目前市场上的百万医疗险按照续保时间来分，主要有四类，分别是保证续保 1 年、保证续保 6 年、保证续保 15 年、保证续保 20 年。如果对保证续保时间特别看重，那么这个时间一定是越长越好。

第二，癌症的院外药。在实际的生活中，如果罹患了癌症，就会涉及一个很重要的治疗问题，在医院有时候买不到治疗癌症的药，这个时候大夫就会开一个处方，让我们去其他地方购买。如果我们买的百万医疗险没有癌症的院外药这个选项，那么这个费用就不能报销。

第三，公司的品牌效应。不可否认的是，我们在买任何一款保险的时候都会考虑公司品牌，尤其是耳熟能详的公司，感觉买起来会更加安心，尤其是像百万医疗险这类保险，理赔概率比较高，如果自己家门口就有保险公司网点的话，那就更好了，所以这就要看个人的喜好。

第四，价格。虽然百万医疗险的价格并不贵，但是如果一家三口或四口人全部购买，一年的费用也不低，对于一些收入并不高的家庭来说，差的那几百元钱就更为重要了。所以，百万医疗险的价格也是我们考虑的重要因素。

第五，医疗费用垫付功能。这个功能不属于保险条款的一部分，只是保险公司的一项增值服务，而只要涉及服务，就很难保证服务实际怎么样。

但是如果你对这个功能很看重，那么有肯定比没有好。

第六，质子重离子治疗（国际公认的放疗尖端技术）。这个保障目前大部分百万医疗险都有涵盖，这里提一下只是让大家特别注意一下这个保障条款。

第七，既往症的定义。这项越来越受到消费者的关注，因为有的产品对既往症的定义极其严格，有的就非常宽松，看似只是一个简单的条款，但是在理赔的时候可以决定我们是否可以成功获得理赔。

第八，免赔额。大部分百万医疗险的免赔额都是1年累计1万元，但是也有个别产品在免赔额上花心思的，比如6年共享1万元免赔额，或者上一年不理赔，下一年免赔额递减1000元等。

第九，健康告知的宽松程度。这个主要针对一些身体有异常的消费者，因为对于不同的身体异常，不同产品的核保条件会略微有差别。举个例子，比如甲状腺结节，有的产品可以买，有的就不能买，那么哪怕不能买的那个产品性价比更高，我们也别无选择。

以上九点是我们筛选百万医疗险时需要注意的比较重要的维度。当然，很难有一款产品在九个维度里面都排名第一，基本上都是大家互有优缺点。所以在这个时候，我们选择的点，就是看哪一个维度是我们最看重的，哪一个维度不是我们看重的，不要想着面面俱到，一定要有一些取舍。

举个简单的例子，像比较知名的公司的产品，价格就会略贵一些，而一些不太知名的公司的产品，价格就会略便宜一些。有人喜欢便宜，有人喜欢公司品牌，没有绝对的对和错，要看个人的选择。

2. 意外险的筛选逻辑

意外险大部分都是交1年保1年的产品，也有一部分产品是长期的，比如交 10 年保 20 年、交 10 年保 30 年的版本。我建议，直接放弃长期意外险，购买短期意外险就好。具体的原因，我们会在系统班部分详细讲到。

短期的意外险都是交 1 年保 1 年，我们对比更多的就是保障责任和价格了。不过，意外险和百万医疗险比较相似，因为都是比较便宜的保险，差异化非常小，所以最后选出来的产品其实偏个人喜好更多一些。

筛选意外险需要重点关注以下几个维度。

第一，基本保额。这里我用了基本保额，而不是保额，就是希望读者不要被一些营销手段带偏。很多产品宣传自己最高可以赔付几百万元等，这里要看是基本保额还是最高保额，两者的差别非常大。我们举个简单的例子，比如一个基本保额为 100 万元，最高保额为 400 万元的意外险，和一个基本保额为 50 万元，最高保额为 500 万元的产品，我们应该选择基本保额 100 万元的。原因是最高保额保障的都是极其特殊的意外，比如空难、海难等，这类意外发生的概率极小。但是基本保额保障的是普通意外，不会限制条件，可以想一下，是不是普通意外发生的概率更高一些？所以，千万不要被一些营销话术误导。

第二，意外医疗责任。意外医疗责任是我们选择意外险非常重要的一个因素，因为这个责任是我们用到概率最高的责任。意外医疗责任需关注的点主要有以下几个。

（1）保额。这个一定是越高越好，因为理赔的时候可以报销得更多。

（2）免赔额。这个一定是越低越好，最好是 0，相当于一分钱都不用自己花。

（3）报销比例。这个一定是越高越好，最好是 100%，相当于全部报销。

（4）社保外用药。很多产品只报销社保内用药，社保外不能报销，所以能报销社保外用药的产品会更好。

第三，猝死保障。猝死本身不属于意外险的赔付范畴，但是随着现在市场产品竞争加大，越来越多的意外险包含了猝死的保障。如果对这点比较看重，在筛选的时候，可以多看看这项保障。

第四，额外赔付。比如节假日额外赔付，某一些交通工具的额外赔付，等等。

第五，价格。同样保障的情况下，当然价格越便宜越好，谁家的钱也不是大风刮来的，能省一点是一点。

第六，品牌。这个就是个人喜好的因素了。

这六个维度能帮我们筛选出不错的意外险产品。

3. 重疾险的筛选逻辑

比起前两类保险，重疾险可以说是差异化最大的一类产品，用户选择起来非常困难，我有很多咨询用户，纠结很长时间都不知道到底买哪一个。重疾险的特殊性在于，因为它是长期保险，保费又很高，所以试错成本就很高。它不像百万医疗险和意外险，哪怕是买到不合适的，大不了第二年重新买就好了，无非就是几百元钱的事，重疾险则不然，动辄大几千元甚至上万元的保费，这就需要我们耐心考虑，再做决定。

这里，有一个全新的对比思路，按照购买渠道，保险行业可以分成四个阵营，也就是前言部分提到的，大型保险公司、线下保险经纪公司、线上保险经纪公司、香港地区保险公司。四个阵营的重疾险各有特色，而隶属同一个阵营公司的产品差异化就比较小。所以，我们在对比重疾险的时候，可以先从阵营开始。表1-2为四个阵营重疾险代表产品的横向对比，供大家参考。

表1-2   四大保险阵营重疾险产品对比

对比类目	大型保险公司	线上保险经纪公司	线下保险经纪公司	香港地区保险公司
重疾保障	100%①，1次②，120种③	100%，1次，110种	100%，1次，120种	100%，1次，58种
中症保障	50%，1次，20种	60%，2次，25种	60%，3次，30种	—
轻症保障	20%，6次，40种	30%，4次，50种	30%，4次，30种	20%，5次，44种
被保险人豁免	轻症、中症、重疾	轻症、中症、重疾	轻症、中症、重疾	轻症、重疾
额外保障	运动涨保额	重疾可以额外赔付一次60%	—	特定额外赔4次80%，首10年额外赔50%，保额递增
保费对比	30岁，男，保终身，30年交费，50万元保额，含身故责任			
	12 104元	8 425元	8 650元	10 430元

①赔付比例，余同。

②赔付次数，余同。

③赔付疾病种类，余同。

通过对比其实可以发现很多数据上的差别，下面我们抽离出几个非常重要的筛选维度。

第一，价格。这个从表中对比就一目了然，大型保险公司的最贵，然后依次是香港地区保险公司、线下保险经纪公司、线上保险经纪公司。如果我们拿最高的价格和最低的价格去对比，一年相差了3679元，30年总计相差11万元左右。所以我强调，不同阵营的重疾险价格相差极大。

第二，基础保障责任。一份基础的重疾险，应该含有重大疾病保障、中症疾病保障以及轻症疾病保障。四个阵营中，重大疾病保障相差不大，主要是中症疾病保障和轻症疾病保障有所区别。

第三，被保险人豁免责任。这个责任指的是当被保险人罹患轻症、中症、重症疾病以后，日后的保费就不需要再继续交纳，但是保障继续有效，这是非常重要的一项责任。

第四，额外保障。基本每一个产品都有自己独特的额外赔付方式，这个时候就要看哪一个更加实用一些。

第五，公司品牌。一份保障类保险，考虑品牌效应带来的安心感，公司品牌也是消费者非常注重的因素。

第六，理赔协助。不同阵营的销售顾问，提供的理赔协助也会有差异。比如大型保险公司以及线下保险经纪公司提供的是一对一式的线下服务，线上保险经纪公司提供的是线上协助，而香港地区保险公司的理赔相对就会复杂一些。

第七，是否绑定身故责任销售。目前只有线上保险经纪公司不绑定销售，其他三个阵营均绑定，如果不太看重身故责任的消费者，可以重点关注这项。关于购买重疾险是否买身故责任这个问题，系统班部分会详细介绍。

写到这里，很多读者可能会奇怪，重疾险中的轻症、中症、重疾的种类和定义不重要吗？重要。不过那是我们筛选重疾险的第二道工序，详细内容可以阅读系统班的重疾险部分。

通过以上第一道工序的筛选，我们可以得到如下几个结论。

（1）如果购买重疾险不想绑定身故责任，只有线上保险经纪公司可以。

（2）如果想买价格比较便宜，保障责任比较不错的重疾险，可以在线上保险经纪公司和线下保险经纪公司中选择。

（3）如果看重品牌效应，大型保险公司会更好一些。

（4）如果想有线下人员协助理赔，大型保险公司及线下保险经纪公司都是不错的选择。

（5）如果想购买保额递增的重疾险，香港地区保险公司是唯一提供这类产品的，而且这个额度的递增会很高，这也是香港地区保险公司重疾险的一个特色，在系统班部分介绍重疾险的时候，会详细讲解这类保额递增的重疾险。

我们总结一下要点 2 中的重要知识点。

- 每一类产品都有不同的筛选维度，但是没有任何一款是绝对完美的，只有适合的人。

- 百万医疗险和意外险相对来说，差异化较小，按照自己的喜好选择即可。

- 重疾险价格差异极大，在选择的时候一定要先想好选择哪个阵营，最后再去这个阵营中选择适合自己的保险。

要点 3　▶ KEY POINT 3

保障类保险的规划一定是以预算及保额优先

　　说完要点 1 和要点 2 之后，估计很多读者有点跃跃欲试，发现原来买保险是件这么简单的事情。其实保险产品本身并不复杂，我们按照不同的维度筛选就可以。复杂的是保险规划，因为每一个家庭都是完全不一样的，不是说只要找到好产品就行，而是要找到适合自己家庭的保险才行。我一直强调的一个理念是，没有绝对完美的产品，只有适合的人。下面我们就保险规划讲几个非常重要的思维理念。

1. 保费预算

　　我们在买每一件商品的时候，其实内心都有预算，尤其是大件商品，像房子、车子等。那么买保险也需要同样的思维，我们在购买之前，心中必须有一个大致的预算，如果预算是模糊不定的，最后买的保险大概率也不会太适合我们。

家庭保障类保险的一年总保费，一般建议是不超过家庭年收入的7%，如果是一些风险承受能力弱的家庭，可以适当提高到10%左右。我个人的保障类保险保费只占家庭年收入的4.5%左右，关于我的保险清单，会在后面做详细介绍。

说到这里，很多读者可能会诧异，因为这个比例有点低，低到了一个家庭只能购买百万医疗险和意外险的地步，哪怕是勉强可以购买重疾险，购买的保额也是极低的。其实对于大部分家庭，百万医疗险和意外险的保障已经足够了。

现在大部分人都交了国家的基本医疗保险，如果是看病住院，整体的报销比例可以维持在50%左右。剩下不能报销的部分，无论多和少，其实我们大概只需要自己承担一万元的免赔额，其他部分百万医疗险都可以报销。简单来说，有了百万医疗险，我们基本不用担心看病花费的问题。而意外险，可以对冲掉身故及伤残的一部分风险，并且价格便宜。

重疾险本身的特性决定了它必须是每一个家庭都要慎重考虑的险种，主要原因有两点：第一，它是一份长期保障计划；第二，它很贵，它的保费占比达到了整个保障类保险保费的80%以上。下面我们围绕这两点，分别解释一下。

2. 长期保障须动态调整

很多人在保险规划上有一个误区：想通过一次保险规划，把未来几十年的保障问题都解决掉。这个想法在本质上就是错误的。下面一段话非常重要，请你仔细阅读：

家庭保险规划是围绕家庭财务规划进行的，而家庭财务规划是一个动态的规划，因为家庭财务情况在我们整个生命周期中时刻在变动。那么结

论就是，家庭保险规划是一个动态调整的规划，而非通过一次规划就可以解决所有的问题。

很多人在保险规划这块想一劳永逸，想通过买一次保险，避免日后几十年的问题，这个事情是不可能的，也是错误的规划。保险规划短则 3 年一调整，长则 5 年就要重新审视现在的家庭保障是否合理，本身就不是一次性的事情。

举一个简单的例子，一对刚刚步入婚姻殿堂的夫妻，他们这个时候做的保险规划和他们有宝宝之后做的保险规划是不一样的，先不说多了一个宝宝的保险规划问题，他们身上的家庭责任发生了变化，财务情况也发生了变化，那么保险规划就需要适当调整一下。

所谓长期保障，尤其是重疾险，需要结合我们的预算情况、财务情况与家庭生命周期的情况综合来考虑。重疾险、百万医疗险及意外险虽然都是保障类保险，但是在规划的时候，考虑的因素是完全不一样的。

重疾险规划的结论是，购买重疾险的时候，并不一定需要一次性买足，而是可以根据具体的情况适当增加。重疾险的理赔金额是可以叠加赔付的。举个例子，小张同学给自己买了 3 份重疾险，保额分别是 20 万元、20 万元、30 万元，那么如果不幸罹患了重大疾病，他可以得到 70 万元的理赔款。

3. 保额优先

我们买重疾险的目的，是希望通过低保费换取一个较高的赔偿保额，也就是希望这个中间的杠杆比例越大越好。但是现实情况下，有时候预算的问题会导致保额买不到太高。那么如果家庭根据实际情况确实需要足够高保额的重疾险，但是预算又有限怎么办？这个时候我们就需要根据重疾险的特性，调整两个方向，分别是保障期限和交费期限。

举个例子会让各位读者更好理解。小张同学需要购买 50 万元保额的重疾险，但是他的重疾险保费预算只有 5000 元，按照这个预算，他如果买一份保障终身的重疾险，只能买到 30 万元的保额。那么这个时候，我们就要做到保额优先，降低保障时间以增加保额，如小张同学可以购买一份保障到 70 岁的重疾险，保额 50 万元，保费只需要 5000 元。

很多读者在这里会有疑惑，万一小张同学在 70 岁以后罹患重疾，这个钱不就浪费了吗？事实确实是这样，但是没有办法，保障时间和保额二选一的话，那么一定是选保额。这个就好比我们手里只有 5 万元钱，但是必须要买一辆车，我们是贷款很多钱买一辆豪华一点的车，还是说买一辆可以代步的车就可以了，多数人会选择后者。因为随着时间的变化，我们的财务情况也会改变，日后预算充足了，我们再换一辆好一点的就可以了。重疾险规划就是如此，它并不是一成不变的，而是需要我们根据实际情况去调整。

我们总结一下要点 3 的主要知识点。

- 家庭保障类保险的一年保费支出比例尽可能控制在总收入的 7% 以内，最高也不要超过 10%。
- 重疾险属于长期保障，它和百万医疗险及意外险的规划逻辑是不一样的。
- 重疾险规划需要考虑动态调整及保额优先。

要点 4　▶ KEY POINT 4

买保险之前最重要的事情是做好健康告知

　　如果你要问买保险之前最重要的事情是什么，那么我一定会告诉你，就是健康告知。保险理赔纠纷中，80% 以上的案件都是来源于健康告知的问题。以下关于健康告知中最重要的几个问题，是我们一定要知道的。

1. 什么是健康告知

　　除了极个别的保险（比如意外险），剩下的绝大部分保险都需要做健康告知。健康告知是保险公司对被保险人的健康问卷，被保险人必须符合健康告知的内容，才可以投保。如果不符合就投保，那么日后就会发生理赔纠纷。

2. 为什么我投保的保险没有健康告知

　　大概率是没有仔细查看健康告知，投保的时候直接忽略了。现在除了极少数的意外险以外，剩下的产品都会有健康告知，图 1-1 为某产品健康告知的页面。

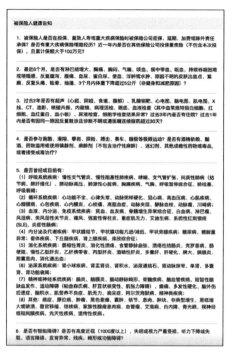

图 1-1　某产品健康告知页面

如果不记得当时投保时是否有健康告知，也可以在保险合同中查看。

3. 没有做健康告知，但是投保却成功了，是不是就意味着自己的身体情况通过了健康告知

不是。健康告知和投保成功是两码事。健康告知秉承的是诚信原则，保险公司并不会在投保时审核被保险人是否符合条件，完全是被保险人自行告知，而投保成功相当于被保险人承认自己的身体情况符合健康告知。如果投保时身体情况并不符合健康告知，日后发生理赔的时候，保险公司在调查时发现不符，那么保险公司有权拒绝理赔。

4. 医生说身体没有问题，但是保险公司健康告知不一定能通过

主要原因是临床医学标准（医生对我们身体健康的衡量标准）和核保医学标准（保险公司对我们身体健康的衡量标准）是两个完全不同的标准，而且差异极大。比如最为常见的甲状腺结节，在临床医学中，只要定期观察就行，如果没有超过 4 级，一般医生都会说没有事。但是在核保医学中，有甲状腺结节就要进行告知。所以，很多消费者在做健康告知的时候经常忽略这一点，身体检查没有问题，医生说没有问题，以为符合健康告知，最后造成理赔纠纷。

5. 为什么医保卡外借给别人用过，自己身体没有问题，也要做健康告知

医保卡是实名制，所以医保卡的就诊和买药记录默认是本人的。如果医保卡上的记录显示身体情况不符合健康告知，哪怕因为曾经外借给别人，并不是自己的问题，保险公司都会默认为医保卡持卡人不符合健康告知，所以一样要做如实的健康告知。

6. 自己在家测量血压偶尔高一次，这个需要如实告知吗

不需要。保险公司理赔审核更多以书面记录为准，如果没有书面记录，一般都会默认为没有问题。而书面记录不单单是指医院的记录，像一些门诊、社区医院、体检中心等的记录都算书面记录，所以如果在这些地方查出来身体有异常，一样要做健康告知。

7. 买保险之前是不是要先去做体检呢

如果现在身体情况完全符合健康告知，建议先购买保险，等保险等待期过后再进行体检。很多消费者害怕自己健康告知有问题，为了更确认一些就先行做个检查，但是现在因为各种因素，一检查可能就真的检查出来小问题，那个时候就算是有书面记录了，相当于不能通过健康告知，先去

做体检反而适得其反。所以，如果符合健康告知就先买保险，如果不符合，我们再根据实际情况来决定。

8. 听说如果没有如实做健康告知，只要熬过两年，哪怕不符合健康告知，也可以理赔

并不是。两年不可抗辩条款只在产生法律纠纷的时候适当有利于消费者，并不是"尚方宝剑"。在实际的案件审理中，有很多案件并没有做到如实的健康告知，虽然已经熬过了两年，但是法院最后依然会宣判拒赔。所以，消费者切勿抱有侥幸心理不如实告知，因为如果最终拒赔，受损失最大的是自己。

9. 健康告知如何告知才算完善？如果没有通过健康告知，就不能买保险吗

这两个问题是非常系统化的话题，我会在系统班第 5 课健康告知部分详细讲解。

我们总结一下要点 4 的主要知识点。

- 买保险之前一定要做如实的健康告知，切勿存在侥幸心理。
- 身体情况以书面记录为主，无论是医保卡外借，还是体检中心记录都要告知。
- 如果身体符合健康告知，建议先购买保险再体检。
- 两年不可抗辩条款并不是"尚方宝剑"。

要点 5　▶ KEY POINT 5

退保有损失，是大部分人对保险不满意的最大原因

如果只能告诉保险消费者两件配置保险最重要的事情，健康告知排第一，退保有损失一定排第二。如果说造成理赔纠纷事件最多的因素是健康告知，那么造成消费者对保险有敌意的最大因素之一，就一定是退保有损失。

我一直有一个愿望，就是希望每一个保险产品的投保界面可以重点突出以上两个问题，甚至是必须让消费者自己录屏朗读以下内容：

我已经逐字阅读了健康告知的全部内容，我的身体情况完全符合健康告知要求，非常清晰地知道不符合健康告知投保，日后可能会造成理赔拒赔。也知道一旦投保成功，在犹豫期限外退保，可能会承担 90% 以上的经济损失，我愿意自行承担以上所说的所有后果。

这个愿望不知道能不能实现，但是我相信，一旦实现，保险消费者对

于保险的误解可以消除很多。因为做咨询这么多年以来，大部分消费者对
保险的误解来源于这两点。

1. 很多消费者并不知道退保有损失

退保有损失是很多消费者最不能理解的一点。买了保险刚一年，也没
有发生任何风险，但是因为一些情况不想继续买了，发现退保的时候，保
费连 10% 都退不回来，买保险的时候没有人告诉我这些呀！

保险在任何时候都可以退保，只是退保的金额不一样，这个金额有一
个专业的名词，叫作现金价值。而现金价值表一般都会在我们合同上的第
二页或者第三页有显示。表 1-3 为某款产品的现金价值表。

表1-3　某款产品的现金价值表

保险年度	年末现金价值（元）	保险年度	年末现金价值（元）	保险年度	年末现金价值（元）
1	126.00	15	12 940.23	29	25 830.00
2	486.00	16	14 192.22	30	26 064.00
3	866.00	17	15 454.21	31	25 082.00
4	1 398.01	18	16 718.18	32	23 878.00
5	2 186.04	19	17 980.14	33	22 424.00
6	3 066.08	20	19 230.10	34	20 686.00
7	3 994.10	21	20 256.05	35	18 622.00
8	4 968.14	22	21 232.00	36	16 152.00
9	5 990.17	23	22 150.00	37	13 170.00
10	7 058.19	24	22 998.00	38	9 538.00
11	8 166.21	25	23 764.00	39	5 194.00
12	9 314.23	26	24 436.00	40	0.00
13	10 496.23	27	25 010.00		
14	11 706.24	28	25 476.00		

该保单第一年保费为 1302 元，但是如果在第一年就选择退保，只能退回来 126 元，损失超过 90%。

表 1-3 里面的数字，无论是在买保险之前还是之后，我们都是可以知道的，但是这个问题本身很少有人知道，这也是为什么那么多人对退保有损失非常不满意。如果退保有损失这个事情消费者在购买之前就知道，知道后还继续购买保险，那么不满意的概率也许会下降很多。

2. 任何时候退保都有损失吗

并不是。大部分的保险都会有一个犹豫期，也叫作冷静期，时间一般在 15～20 天，不同产品略微有一些差异化。从正式签合同的那天开始算起，在犹豫期内退保几乎是没有任何损失的，部分公司可能会收取 10 元左右的纸质合同工本费。

3. 如果过了犹豫期想退保，但是又不想有损失怎么办

这个没有办法，合同都是按照现金价值退保。如果购买过程中存在强烈的误导销售行为并且有证据，可以和保险公司协商退保。不过还是提醒各位读者，购买保险之前一定要考虑清楚，切勿冲动购买，防止日后造成极大的损失。

4. 听说有中介机构可以帮助全额退保，这是真的吗

我建议千万不要找这类机构，银保监会已经明确定义这类机构为非法机构，也在严查这类问题。这类非法机构会用各种骗局进行引导，从中收取各种费用，最终让消费者蒙受损失。

要点 6　▶ KEY POINT 6

学会自己看懂保险合同

10 个买过保险的人，有 9 个人没看过合同，另外一个人虽然看了，但还没有看懂。这是网上的一个段子，但是确实也非常贴近实际，在我大量的咨询用户中，有很多用户甚至从买保险开始，就没有见过自己的保险合同长什么样子。

我也经常会问用户，为什么不看看保险合同呢？毕竟保险本质就是合同。但是得到的答案都非常统一：看不懂。保险合同看着确实挺累，尤其对一个对保险还没有研究的人来说，那简直就是天书。但是，无论如何，我们都要学会看懂合同，因为日后赔付的依据就是合同。

大部分人买的保险基本都是通过亲戚、朋友、同学、同事等熟人购买的，反正都是比较熟悉的人，介绍这个好，就买了。而介绍的这个保险保障是否和合同一样，其实我们并不知道。在实际过程中，有时候并不是销售人员有意误导我们，而是在沟通和交流的过程中，可能会存在信息的丢失，或者是理解的歧义。那么最终导致的问题就是真的发生理赔的时候，我们购买保险时以为的赔付，结果其实在合同中是不赔付的。

我一直劝我的用户，无论别人和你说什么，都应该学会自己看懂合同，因为理赔是根据合同来的，而不是别人的介绍。那么具体应该怎么轻松看懂保险合同呢？下面介绍一下我自创的"123"步看懂合同法：一个核心理念＋两个框架性思维＋三个看点。

1. 一个核心理念：说明书

很多人之所以不愿意看合同或者看不懂合同，就是缺少这样的核心理念，保险合同并不像我们看书一样，需要从头看到尾，我们应该把它当成一个说明书来看，也就是想知道什么样的内容，直接按照目录找到对应的位置即可。举个例子，比如我想知道我的重疾险保单里面，有没有恶性肿瘤的赔付，我只需要去找重大疾病的清单即可。而至于其他问题，目前我还没有想到，我就不需要看。

2. 两个框架性思维：个人信息＋保险条款

保险合同基本分为两个部分：个人信息部分及保险条款部分。所以我们在看保险合同的时候，先把合同用框架性思维分开，一般合同的最前面和最后面都是个人信息部分，这一块主要是我们的身份信息、保费等，基本上我们购买保险的时候，这些都是知道的。

另外一个部分是保险条款，也是大家认为最难的部分。保险条款其实是在买保险之前就可以看到的，因为每一个产品的保险条款都是固定不变的。所以说，保险合同其实就是在保险条款的基础上增加了我们一些个人的信息而已。通过这样的拆解，读者心中其实对保险合同就有一个框架性思维了。

3. 三个看点：保障责任＋责任免除＋专业名词释义

保险条款我们不需要面面俱到地看，主要是按照我们一开始说的说明书理念，看三个部分即可。

第一个部分，保障责任。这个部分讲这份保险都能给我们保障什么，内容并不多，我们直接按照目录找到对应的部分即可，按照前面要点1讲的基础知识，简单看一下就明白了。

第二个部分，责任免除。这个部分是我建议大家一定要看的部分，我们买保险的时候，很少有人和我们讲不保的地方，所以有时候我们以为某一些情况可以赔付，结果发现不赔。而合同的责任免除部分写得非常清楚，具体哪些情况不赔付，都有明确的解释。

第三个部分，专业名词释义。其实保险条款大部分都有专业名词释义，因为保险合同本身就是一个极其严谨的文件，所以重点词汇都会有专门的解释。比如合同里面会对恶性肿瘤做非常明确的定义，阐明什么样的医院才算合同要求的医院，等等。

保险合同其实就是一份说明书而已，当用这样一个思维理念去看它时，就会发现它其实并没有想象的那么难。后面我会详细介绍保险的本质思维，当我们了解了保险的本质思维和保险合同的说明书思维以后，再看保险合同的时候就会变得游刃有余。

我们总结下要点6主要涉及的知识点。

- 保险的保障依据是保险合同，我们应该学会看懂保险合同。
- 保险合同只是一份说明书，按照"123"步看懂合同法，你会发现其实合同并不难。

有事赔钱、没事返钱的保险并不神奇，其本质就是看个人投资偏好

之所以把这类保险在这个部分单独做一个解答，是因为咨询的用户太多了。一部分用户是已经买了，想咨询这类保险到底适合不适合自己。另一部分用户是想买，想问问这类产品能不能买。

这类保险宣传的手段本身就很吸引人：有事赔钱，没事返钱。大部分买保险的人都是希望买个安心，如果不幸发生风险可以赔钱；但是谁都不希望风险发生，如果没发生，钱还可以返回来，这样感觉就太好了。这类产品就是利用消费者的这种心理设计而成，下面我们就详细拆解一下这类保险。

目前市场上有两种类型的这种保险，我们统称为返还型保险，它们宣传的都是"有事赔钱，没事返钱"，不过一种是真返钱，另一种是"假"返

钱，两种保险的返还的方式及产品形态完全不一样，为了能让读者更加容易理解，我们这个部分讲的是真返钱的那种产品形态。而"假"返钱的保险类型，我们放在系统班重疾险的部分做详细解读。

1. 如何分辨自己买的是不是返还型保险

分辨返还型保险其实非常简单，我们只需要在自己的保单上找到两个关键词就可以："两全"和"满期"。如果你在保单第一页的主险里面看到了"两全"字样，而且附加险是重疾险或者意外险，那么百分百肯定你买的就是返还型保险。

因为现在返还型保险名声不太好，很多保险公司为了让消费者不那么容易知道自己买的是返还型保险，则会把两全保险为主险的这种模式取消，直接用一个比较笼统的名字概括，比如某某重大疾病保险、某某意外险等。如果是这种方式，那么我们则需要在保单条款里面找到是否有满期返还的责任，因为无论表面上怎么隐藏，如果是返还型保险，就必须有满期返还的责任。所以说，你可以把"两全"保险字样理解成返还型保险的表面特征，而满期返还责任是这类保险的本质所在，只要是返还型保险，就必须有这个责任。

2. 返还型保险的核心本质

所谓返还型保险，只是保险市场上对这类保险的统一称呼，这个有点像我们称国外的人为外国人一样，其实外国人也有很多国家的人。而返还型保险其实也有很多种，我们现在讲的这种，它的学名叫作生死两全保险。

这类返还型保险是由主险为两全保险，附加险为保障类保险组合而成，保障类保险一般就是重疾险和意外险。所以简单地理解，这类保险看似是一份保险，其实是两份保险的组合。如果你买的是返还型重疾险，那么得到的就是两全保险和重疾险的组合；如果你买的是返还型意外险，那么得到的就是两全保险和意外险的组合。

通过这样的拆解，其实大家就不难理解，这类返还型保险有两个责任：一个是"返"的责任，就是我们说的到多少岁返还多少钱，其实这个责任就是由两全保险提供的；而另外一个责任就是"赔"，由附加的那个保障类保险提供。

在本书的其他部分，还会拆解很多类似的组合型保险，很多保险看似什么都保，其实就是由不同的保险组合而成的一份保险而已。这里暂时按下不表，我们会在后面做详细的讲解。

3. 返还型保险是如何返钱的

返还型保险返的部分，其实就是两全保险提供的责任，而"生死两全保险"中的"生"就是返钱的部分。

在讲"生"这个责任前，我们需要普及一个保险的基础知识。任何一份保险，其实都是根据某一个具体的责任设立起来的。比如我们最为熟悉的重疾险就是以被保险人罹患重大疾病这个责任设立的，只有罹患了合同约定的某种重大疾病，才可以触发它的赔付责任。而保险有很多责任，如生存、死亡、疾病、意外等，不同保险只是围绕不同责任设定的而已。

"生"这个责任就是围绕着生存条件来的。比如合同约定，被保险人到60岁的时候仍然生存，也就是我们说的活着，那么就可以得到这笔钱，在保险的学名里面，叫作生存受益金。说到这里，你有没有想到一个类似的保险，就是我们国家的养老保险。我们国家的养老保险其实就是纯粹的生存类保险，只要是还活着，就可以领取退休金（生存金），但是一旦身故，就不能领取了。

我们买的这种两全保险，只是约定的生存条件不一样而已，比如有的是生存到 60 岁，有的是 70 岁，有的是 20 年，有的是 30 年。而领取的生存受益金的金额也不一样，有的是已交保费的 130%，有的是已交保费的 150%，等等。

说完"生"的责任，我们再简单说说"死"这个责任，既然叫作生死两全保险，就是无论是"生"，还是"死"，其实都有责任。所谓的"死"，就是死亡，如果被保险人在约定的时间内不幸身故，那么保险公司也会赔偿给受益人一笔钱，我们称为死亡赔偿金。只是在返还型保险中，这个责任被很多人弱化了，我们一般重点关注的都是活到多少岁可以给多少钱，其实它也有身故赔偿责任的。

说到这里，我们简单总结一下，因为基础信息量稍微有点大。

- 返还型保险只是一个统称，我们最为常见的返还型保险其实是生死两全保险。
- 生死两全保险有两个责任，生存的赔付责任以及死亡的赔付责任。
- 任何一份保险都是根据一种责任设立而成，如果一个保险里面有很多保险责任，那么就是由多个保险组合而成。

说完返还型保险返还的部分，保障的部分就更简单了，这其实就是我们上面讲的保障类保险——重疾险和意外险。只是重疾险和意外险的保障时间、交费时间与主险的两全保险做了一定的同步，所以看起来十分协调。下面我们讲一个返还型保险的具体案例，让读者能更清晰地看懂这类保险。

某公司返还型保险基础信息如下：

被保险人年龄：0 岁

被保险人性别：男

每年总保费：2940 元（其中两全保险保费为 1320 元，重疾险保费为 1620 元）

交费时间：20 年

总交费金额：58 800 元（其中两全保险保费为 26 400 元，重疾险保费为 32 400 元）

保障时间：至 80 岁

保障责任如下：

身故责任：80 岁前身故，赔付 30 万元

重疾保障责任：80 岁前罹患 120 种重疾，赔付 30 万元；罹患轻度疾病，赔付 15 万元

生存责任：80 岁后生存，赔付 58 800 元

经过这么拆分，责任就非常清晰了，保障类的责任有两个，分别是身故责任和重疾责任，合并之后就变成了一份交费 20 年、保障到 80 岁、保额 30 万元含身故的重疾险。而另外一个责任就是生存责任，80 岁之后可以拿到 58 800 元的生存受益金。

明确了保障责任，那剩下的工作就是对比了，保障责任和保障责任对比，返还责任和返还责任对比。一般而言，一份交费 20 年、保障到 80 岁、保额 30 万元含身故的重疾险，市场上所有产品的平均保费水平在 1640 元，而性价比高的产品会比这个更加便宜一些，为了更清晰地对比，我们暂定 1640 元。也就是说，该产品纯保障责任部分的保费与市面上同类产品持平。

那剩下的就是对比返保费的部分了，而这个部分其实我们可以理解成，我们每年交 1320 元（两全保险的保费），然后交 20 年，一共交了 26 400 元，在 80 年后，连本带利获得 58 800 元，其中利息是 32 400 元。那么用简单的数学公式就可以算出，这 80 年的收益率是 123% 左右（32 400/26 400）。但是因为这 26 400 元不是一次性交的，是每年分批交的，这个里面就有一个时间因素的问题，严谨计算平均年化收益率应该用

IRR（内部投资回收率），但是为了方便读者理解，我们就不用那么复杂的公式，直接用最简单的除法估算一下，用 123% 除以 60 年，相当于平均年化收益率为 2.05%。为什么不是除以 80 年，而是除以 60 年呢？因为我们要计算一个最高值，第 20 年的时候才交完所有的钱，要是按照 80 年计算，平均年化收益率只有 1.54% 左右。

通过以上对比，我们就非常清晰地了解了返还型保险的结构，我们交的保费主要分成了两个部分，一个部分买了保障类的保险，另一部分用作了变相理财，而实际收益率在 1.54%～2.05% 之间。我们是买一份保障类保险，剩下的钱自己去做投资呢？还是为了省事，组合着买这类返还型保险呢？这里没有一个绝对的答案，就像我们标题讲的，返还型保险其实看的是个人的投资偏好。一个看似是保险的问题，最后经过拆解，变成了投资的问题。

这样的思维方式会贯穿本书始终，保险本身就是家庭财务规划的一部分，我们要跳出保险的视野，用金融的眼光去看待和分析，只有这样，我们才能做好家庭保险规划。而本书系统班理财型保险部分对此也会进行详细阐述。

我们总结下要点 7 的主要内容。

- 返还型保险其实由两类保险组合而成，一类是保障类保险，另一类是两全保险。

- 是否选择返还型保险，本质上看的是个人的投资偏好。

- 做保险规划不能一直站在保险的视角，也要站在金融的角度。

要点 8　▶ KEY POINT 8

理财类保险要不要买，你最应该知道的是这几点

很多读者可能买过理财类保险，有的是想作为教育金，有的是想作为养老金，还有的单纯就是想作为理财，但是大部分人都没有真正地了解过理财类保险。它的真实收益率是多少？理财类保险都有哪些类型？理财类保险真的可以随时领钱吗？本部分会重点解读理财类保险我们最需要知道的几个问题。更详细的内容会在系统班的理财类保险中做重点解读。

其实在保险的学术名称中，就没有理财类保险这个称呼，理财类保险只是一个统称，所有有理财功能的保险都被称为理财类保险。像教育金保险、养老金保险等，其实也没有这样的保险，它们也是对某一类有理财功能的保险的简称。

现在普通消费者最为常见的理财类保险有六种：年金险、年金险＋万

能账户、增额寿险、万能险、投资连结保险、两全保险。其中两全保险、投资连结保险、万能险目前已经渐渐地淡出了消费者的视野，取而代之的是年金险、年金险＋万能账户、增额寿险，这三类保险基本占到理财类保险整个市场的 95% 以上。所以，目前大部分消费者购买的都是这三类，本部分也会以这三类为主要讲解对象。

1. 理财类保险的优缺点

优点一：“保本保息”。

保本保息之所以加上引号，主要是有两个原因，第一个原因是，国家已经不允许发行保本保息的金融产品，但是为了方便读者的理解，还是需要用到这个词，所以加上了引号。第二个原因是，虽然此类产品是“保本保息”，但是它在某种条件下，才能做到保本保息，所以也需要加上引号。下面我们就分别来解释一下。

保本保息背后的原理：虽然国家不允许发行保本保息的产品，但是这个产品在合同上确实是保本保息的。合同上明确地写了达到什么样的条件，就可以获得一定的利息，而这个利息我们在购买产品之前就可以看到。而所谓的保本也是如此，在合同上有明确的金额标注，只要达到一定的时间，本金绝对不会亏损，因为都是按照合同要求执行。

保本保息的时间要求：虽然这类产品在合同上写明了具体的金额，但是这个金额是由低到高变化的。在保单的前几年，不但没有利息，甚至还可能有亏损。比如我一开始交了 1 万元，第二年想把这个钱取出来，此时不但没有利息，还有很大的亏损。所以我才说，保本保息有一定的时间要求，不同产品虽然略微有一些差异化，但是基本上能做到保本且有一部分利息的时候，都是在投保以后的 7 年左右。

对于这类保险“保本保息”的特点，我们一定要在购买之前就有清晰的了解。

优点二:固定利率不变。

三类产品中,除了年金险+万能账户,剩余两类产品的利率都是恒定不变的,假设一开始设定的是3.5%,那么日后年年都是3.5%,完全不会发生变化,而利率不发生变化的最大优势就在于锁定未来投资利率。

有理财经验的读者可以想象一下,大概在10年前,我们随随便便就可以买到年化6%左右的理财产品,但是现在可以说很难,几乎买不到了,大部分理财产品的年化收益率在3%~4%之间。所以这类产品最大的价值是应对日后可能的利率风险,在未来的时间里,我们的利率大概率还会下调。这里先说结论,至于为什么还会下调,在系统班理财类保险中会做详细介绍。

我们可以想一下,如果10年前买到了一份年化收益率固定为6%的产品,而且永远不会变化,在现在这个利率环境下,我们是不是很庆幸呢?所以这类产品一个很大的优势就是利率不变,可以帮助我们应对日后利率可能下调的风险。

缺点:需要长期投资。

没有任何一份产品是绝对完美的,虽然这类产品有两个不错的优点,但是也有一个缺点:这类产品是一种长期投资产品。这个长期指的是20年以上,如果无法持有20年以上,我并不建议你购买此类产品,因为它的价值只有长期才能体现出来。另外如果持有的时间过短,还可能会有很大的损失。

这类产品基本在前7年左右都是没有任何收益的,而且还可能有损失,最大可达90%以上。也就是如果交1万元钱,在前7年选择退保的话,那么损失可能超过9000元。在实际的案例咨询中,有很多读者并不知晓这个情况,把这类产品当成了普通的理财产品,结果最后亏损极大。

中立因素：利率。

三类产品的固定利率都是在 3.5%～4% 左右，这个利率没有办法说是高或者是低，所以我才将其归为中立因素，因为它取决于不同人的投资能力。

首先我们要知道，如果有人声称理财类保险的收益率可以达到 4% 以上，那么基本说的都不是固定利率，而是浮动利率，也就是有可能达到，也有可能达不到，不要太过相信别人展示的过去达成的历史，因为历史只是历史，并不代表未来。我过去连续 3 年的平均年化收益率都超过 30%，就意味着我在下一年一定可以做到 30% 吗？答案是否定的。而我们买这类保险，其实更应该看重的是固定利率，而非浮动利率，如果是看重浮动利率，就不如去买其他的理财产品。

3.5%～4% 这个利率是高是低，真的很难定义，因为每一个人的投资能力差异很大。但至少可以确定的是，它的真实固定收益率就只有这么多，千万别被各种营销手段所蒙骗。

2. 年金险＋万能账户这类保险类型中最容易混淆的要点

年金险＋万能账户这种产品组合类型，可以说是理财类保险中消费者误解最大的一类。纯年金险或者是增额寿险产品形态都非常简单，不会有那么多复杂的结构，但唯独年金险＋万能账户这类保险，很多消费者都是糊里糊涂地购买，最后发现想象的情况和实际情况差异极大。

如果要想弄明白这类产品容易混淆的点，我们一定要弄清这类产品的产品形态。年金险＋万能账户保险其实可以理解成由两个保险责任组成，分别是年金险和万能账户。下面我们分别来说一下。

年金险的产品形态相对来说比较简单，就是一个交钱和领钱的产品类型。这和我们的养老保险非常相似，养老保险是在工作的时候，每个月或者每年交一笔钱，这样在退休的时候我们就可以每个月领取养老金。而年金险也是一样，只是这个交钱和领钱的过程可以随意设定，不同公司的产品有不同的方式。

比如交钱这个部分，我们可以选择交 1 年、交 3 年、交 5 年、交 10年、交 15 年、交 20 年，甚至还可以每个月交费，非常灵活。领钱的部分则更为灵活，有的是第 10 年开始领，有的是第 20 年开始领，有的是交完钱就可以领，领的比例也不一样。不过这个问题我们在此不做详细介绍，在系统班理财保险部分会有详细解读。在这里我们只需要知道，年金险是在一定的时间内交钱，然后在一定的时间内领钱就可以了。

万能账户相当于保险公司的一个基金账户，就是我们把钱放在这个账户里面，保险公司帮我们保管，给我们承诺一个保底收益率，一般是2.5%～3% 之间，然后还有预期的收益率，一般会演示三档收益率，分别是 2.5%、4.5%、6%。

拆开来看，两种保险都比较简单，但是一旦组合在一起，那么最容易让用户混淆的地方就来了。

保险公司在宣传这类产品时，一般会重点突出两个部分：一个是每年可以领多少钱，这个部分由年金险的责任提供；另外一个是万能账户的价值，可以演示在不同收益率情况下，账户在若干年后有多少钱。万能账户经过长时间的复利，哪怕是极低的收益率，都可以获得非常多的收益。

这样的介绍逻辑会让很多消费者误以为，每年不但可以固定拿到一笔钱，而且在若干年后，万能账户里面还有很多钱，感觉简直太好了。但这样的理解是错误的。

万能账户的本金来源是我们每年领的钱，如果我们选择每年领了这笔钱去花，那么万能账户的本金为 0，这样无论它的收益率高还是低，万能账户里面一直都不会有钱。而只有该领的钱不领，这笔钱才会进入万能账户，万能账户才会有收益。也就是说，在保险公司给我们重点介绍的内容里面，领钱和万能账户里面的钱，二者只能得其一。

到这里，很多读者估计就理解了，如果你也曾经这么以为，希望你能把这个事情告诉身边的朋友，让更多人明白这类保险的本质。

3. 年金险、年金险＋万能账户与增额寿险，三者应该怎么选

这三类产品都是市场上卖得比较好的理财类保险，可以说各有各的特色，那么怎么选择，我给读者朋友们提供两个对比维度，如表 1-4 所示。

表1-4　常见理财类保险横向对比

对比维度	年金险	年金险＋万能账户	增额寿险
利率	4%左右	3.7%左右	3.5%
领取灵活性	低	中	高

表 1-4 里面说的利率，只是在同类型产品中，第一梯队产品的利率。而在实际生活中，也有可能会存在某一些年金险的利率比增额寿险还低，也有可能出现年金险＋万能账户的利率比年金险高，表 1-4 里面的数字只是帮助各位读者有一个直观的认识。

领取灵活性方面，也就是领钱部分，年金险相对来说是最低的，因为它的领取条件都是固定的，比如说第 10 年可以领取 1 万元，那么第 10 年的时候就必须领取 1 万元，不能多领，也不能少领，也不能不领，必须是这个金额，因为是合同规定好的。年金险＋万能账户则会灵活一些，因为我们应该领取的钱不领的话，就会进入万能账户，而万能账户里面的钱可以随时领取，那么相对灵活性这一点，年金险＋万能账户就会比纯年金险更好一些。增额寿险是三类产品中领取最为灵活的，交完钱之后，就可以随时选择提取，只要是在账户金额以内的钱，想多领取也行，想少领取也行，如果不想领取，账户就继续增值。

通过以上两个维度就很好选择产品了：灵活性高，那么利率就会低，而利率高了，灵活性就低了，我们只需要看自己的需求就可以了。有人喜欢灵活性高一些的，有人喜欢利率高一些的，没有绝对的对和错，只有适合和不适合。

我们简单总结下本部分的主要知识点，知识点有一些密集，我们一起回顾一下。

- 理财类保险只是一个统称，有理财功能的保险都可以被称为理财类保险，目前市场上售卖最多的是年金险、年金险＋万能账户以及增额寿险。

- 理财类保险有优点也有缺点，优点是保本保息、利率固定。缺点是需要长期投资，如果短期内退保，会有很大的损失，而它的固定利率在 3.5%～4% 之间。

- 年金险＋万能账户最容易混淆的地方就是领钱和万能账户的部分。切记，领钱和万能账户价值只能二选一。

- 常见的三类理财类保险都很好，利率高一些的，领取灵活性会略差；利率低一些的，领取灵活性就相对会高。

要点 9　▶ KEY POINT 9

保险的理赔流程，并没有我们想象的那么复杂

　　保险消费者最关心的问题，一定是保险理赔的问题，我们买保险都不希望发生理赔，但是一定希望发生理赔的时候，可以顺利获赔。大部分消费者都会觉得保险公司的理赔很苛刻，因为我们经常在某些新闻媒体上看到一些资讯，某某保险公司又拒赔了，某某保险公司因为理赔的事情，又被消费者告上了法庭。那么事实真的如此吗？这个部分我们就重点解读一下保险消费者对于理赔的误区。

1. 为什么新闻媒体报道的拒赔事件那么多

　　我们经常在某些新闻媒体上听到保险公司拒赔的案件，给我们的感觉就是，保险公司经常拒赔。但是事实情况却恰恰相反，保险公司拒赔案件极其稀少，基本只占到理赔案件的 2% 左右，而 98% 左右的理赔案件都是

顺利理赔的。但是为什么我们会有这种印象呢？通过一个最为常见的例子，大家就可以理解了。

现实生活中，很多人不太敢坐飞机，原因就是听说飞机经常出事，觉得不太安全。从概率的角度来说，飞机是非常安全的交通工具。但是为什么有人会觉得飞机不安全呢？主要就是因为资讯。飞机出事会有新闻媒体争相报道，因为这样的话题可以引起读者的注意。但是如果发生汽车的交通事故，新闻媒体的报道意愿就没有那么强烈了，因为新闻媒体知道很少有读者对这样的事情感兴趣，毕竟太常见了。

保险拒赔也是这个原理，所谓好事不出门，坏事传千里。我们先来看一组数据，2021年一整年，在公布数据的32家保险公司中，总理赔金额为1800亿元，而这只是32家保险公司的数据，中国有近百家保险公司，可想而知，一年理赔的金额其实已经是一个很大的数字了。但是为什么作为消费者的我们没有这样的感觉呢？原因是少有新闻媒体愿意报道，如果某些新闻媒体报道说，某某保险公司又顺利理赔了，这样怎么会有更多读者愿意去看呢？媒体往往更愿意报道那些非常规的事件，那么久而久之，我们就感觉保险公司经常拒赔了。

作为消费者的我们，要通过理性的思维来思考，其实保险理赔的获赔率非常高。

2. 保险公司是靠拒赔赚钱的吗

大部分人都会这么认为，如果保险公司不赔付给我们钱，那么它就可以多赚钱，所以它就有动力和意愿这么去做，这个逻辑好像也说得通，但是事实并非如此。

首先，无论保险公司是否理赔，它都会赚钱。这个听上去可能有点不太好理解，难道保险公司把钱都赔给我们了，也可以赚钱吗？举一个不太恰当的例子，保险公司就像赌场一样，我们无论是输还是赢，其实赌场都是赚钱的，因为赌场赚的是中间那个手续费。而保险公司也是一样，它在设计产品的时候，就已经把理赔的概率计算进去了，学名叫作精算模型，只要是大家都正常理赔，没有骗保等因素存在，保险公司都是会赚钱的。

其次，保险公司本身并不想拒赔，因为这不符合保险公司的经营理念。拒赔有损自己的名声，如果消费者经常听说某家公司拒赔，肯定对这家保险公司印象不好，也就不愿意购买这家公司的保险，而保险公司希望有更多人买它的保险产品，这样卖得越多，赚得才越多。

最后，监管部门的监管压力。在中国，保险公司要持牌经营，监管部门对保险公司有各种各样的要求，保险公司没有权力无缘无故地拒赔，也不敢这么做，因为保险公司的牌照非常难获得。

经过上面的分析希望大家可以理解，保险公司并不会故意拒赔消费者。

3. 理赔的流程是什么样的

很多消费者对于保险理赔的恐惧，一部分来自道听途说，另外一部分来自保险理赔知识的匮乏，很多保险消费者甚至不知道保险公司的理赔报案电话是多少，可见大家对于保险理赔的茫然无措了。以下部分就帮助大家拆解一下理赔的整个流程。

保险理赔的流程可以分为以下几个步骤。

第一步，拨打保险公司的报案电话，这个电话在保单上都会写。然后保险公司会有专门的理赔客服人员进行指导，核实你的基本信息、保单情况，并给你的邮箱发送一份理赔清单。

第二步，按照理赔清单的要求准备理赔材料，填写理赔申请书等，把资料准备齐全之后，按照被告知的地址邮寄给保险公司。

第三步，保险公司收到材料后，核实材料是否真实完善，如果材料有遗漏，会通知客户补充材料，理赔材料最终核实无误后，会移交核赔部门。

第四步，核赔部门根据提供的材料，核实整个案件的真实性，如果调查真实无误，则会核赔通过。

第五步，保险公司按照事先客户提供的银行卡卡号，进行打款。

通过以上拆解，我们可以清晰地看到理赔的步骤并非我们想象的那么复杂。在实际操作中，对消费者比较难的地方，是在准备材料部分。准备材料中，最为重要的就是理赔申请书，但是这有固定的模板，我们只需要按照保险公司要求的内容正确填写即可。如果有一些不太明白的地方，也可以打电话咨询保险公司客服人员，或者向我们的保险顾问咨询。

4. 怎样才可以避免保险公司拒赔

保险公司的理赔完全按照保险合同执行，只要是在保险合同规定的理赔范围，保险公司一定会理赔。那么我们如何才能最大限度获得理赔呢？

（1）如实地健康告知

我们在前面已经讲过健康告知的问题，大部分的保险拒赔案件都是由健康告知不合格导致的，所以如果想最有效地规避拒赔问题，就是仔细地阅读健康告知，如实地进行告知。切勿听信其他人员的误导，一切都要以书面的健康告知文件为准。如果真的做好了健康告知，那么离成功理赔就很近了。

（2）了解保障责任

很多消费者买保险的时候，以为的保障责任和合同真实的保障责任完全不一样，甚至可能是天差地别。例如，很多人以为脑出血是很严重的病，那么重疾险就应该理赔。但是重疾险并不赔付我们认为的严重的疾病，而是赔付条款上规定的疾病，一切都要以保险条款为准。还有一些用户，以为买了百万医疗险就可以100%理赔，但是并不知道百万医疗险还有1万元的免赔额，最后并不是 100% 赔付，甚至如果自费的金额没有超过 1 万元，是不能获得理赔的。这些事情在实际案例中经常发生，所以切勿以自己的想象和别人的介绍为依据，而应以保险合同为准则。

如果做好了健康告知，也熟知了保险的保障责任，那么理论上一定可以获得理赔。但是在实际生活中，有时候责任并没有我们想象的那么明确，有一些可能是模棱两可的事情，保险公司觉得自己是有道理的，而消费者也觉得自己是有理的，保险公司也有可能根据一些依据提出拒赔。但是这个时候并不用担心，我们还有一个最终的武器，就是去法院提出诉讼。如果对保险公司的理赔不满意，是可以起诉保险公司的，最终由法院进行判决。在现实的案件中，有很多案件是保险公司已经提出了拒赔，但是最终法院会判消费者胜诉而获得理赔，我们也要学会运用法律的武器。

我们一起回顾一下这个部分的主要知识点。

- 保险公司不会有意拒赔，对保险公司来说拒赔对自己有很大的损失。
- 保险理赔成功的概率很高，拒赔只是小概率事件。
- 保险理赔流程其实很简单，按照客服指引一步一步去操作就好了。
- 做好健康告知以及清晰地了解保险条款，可以帮助我们顺利理赔。

给速成班毕业同学的一封信

同学，你好！

感谢你在百忙之中抽出时间来看我的书，无论你是通过哪种渠道看到的这本书，在冥冥之中，我相信都是一种缘分让你我相遇。在这个速成班毕业的时候，我有一些心里话想和你说。

既然你看到了这里，我相信你对保险基础知识已经有了基本的了解，速成班的内容虽然只有简简单单的9个要点，但是这9个要点基本覆盖了我们投保时最关心的一些事情。而在这9个要点里面，其实我最想让你记住的是要点4和要点5，也就是健康告知和退保有损失这两点。

从业这么多年，我已经为数万名用户提供了咨询，很多用户因为忽略这两点，最后买错了保险。如果你曾经忽略了这两点，那么确实没有什么太好的办法去弥补；而如果你还没有购买保险或者正准备购买保险，那么记牢了这两点，我相信你就不会再踩保险的大坑了。

除了以上两个要点以外，其他知识点都是在保险配置中我们想要知道的事情，最为关键的其实就是第一点——保险简单的规划原理。很多人在第一次购买保险的时候基本什么都不懂，业务人员推荐什么，就购买什么，但是往往买错了，不是买成了理财类保险，就是买成了各种无关紧要的保险大礼包，最为重要的保险可能一个都没有买对。而我直接把这个问题简单化，给你一个确定的答案：如果不想踩坑，百万医疗险＋意外险的组合，基本满足了我们日常的需求。而最贵的重疾险可以按照我们的预算而定，如果预算充足，那一定要购买；如果预算紧张，不能为了买而买，可以先等等，日后有条件了再购买。其实你看，保险规划并不复杂。

剩下的问题就是在同一类型的产品中，如何选到适合自己的产品。我给出的方法论是框架性思维，先有一个看全局产品的视角，然后按照框架模型一点一点去挑选适合自己的就可以了。有了方法论，我们的效率也会大大提高。

因为是速成班，有些内容写得不够详细。比如为什么是这几类保险？不同家庭应该怎么选择？不同公司的产品之间的差别在哪里？关于原理以及深层次的保险知识，我都放在了系统班详细阐述，如果你的时间允许，我希望你可以再把系统班的内容学习完，这样对于你家庭的保险规划会更加有帮助。

为了能让你更高效地吸收系统班的知识，我先简单画一个阅读系统班的地图。系统班的内容其实主要分成三大部分：第一部分是买保险之前的思考方式，我们不要为了买保险而买，而是要想明白买保险是为了解决什么问题；第二部分是买保险的过程中会遇到的一些问题；第三部分是买完保险之后应该知道的事情。

第一部分属于思维类，而第二部分和第三部分属于工具类。我尽可能地用小节的方式去讲述，就是为了能让你对单一的问题有充分的了解，也能让你随看随用。

这也是我一开始在前言部分所说的，本书是一本实操手册，你完全可以把它当成工具书来用。可能你现在考虑买保险，但是还没有正式进入买保险的环节，而当你正式开始配置保险的时候，你基本就可以按照这个手册一步一步去操作了，它就是你的投保实操手册。

好了，想说的话千千万，但是因为篇幅问题，咱们这封信就写到这里。当你看完系统班的时候，我还有一些话想和你说，希望我们能再次相见。

最后，希望你可以帮我一个小忙，无论你在哪个渠道购买的这本书，我希望你可以在这个渠道的评论区谈谈你对这本书的看法，无论是好的还是坏的，我都希望你可以诚恳地说一下自己的想法，我将不胜感激。

你的朋友，张岩

INSURANCE

系统班

家庭保险规划
原理与实操

第 1 课　▶　LESSON 1

理念篇 |
买保险的目的究竟是什么

找问题│找到想要解决的核心问题

大部分人在购买保险的时候，迈出的第一步可能就是错的。

想象一下你买保险的场景是不是这样：身边的亲戚或者朋友在保险公司，宣传现在公司推出一款新的产品特别好，而且名额有限，马上就要到销售截止时间了，让你也买一份。一开始你是不太情愿的，毕竟不太了解保险这个东西，但是又熬不过这个亲戚或者朋友隔三岔五就来你家一趟，又是送牛奶又是送鸡蛋的，天天和你说保险多好多好，最后你实在是抹不过情面，就买了一份保险。

如果有买过保险的读者，会觉得这个场景并不陌生，因为大部分人在购买保险的时候都是这样一个过程。但就是因为这样一个过程，让我们在买保险的道路上走错了第一步，结果导致步步错。我们自始至终都没有搞明白我们为什么要去买这个保险，以及这个保险到底能给我们解决什么问题，因为我们把买保险的顺序弄错了。

请各位读者回想下我们去医院看病的流程，这个流程对于我们是否能买到适合自己的保险，有非常大的借鉴意义。当感觉到身体不舒服的时候，我们会去医院找医生。而医生一定会先问我们一大堆的问题，比如哪里不舒服，不舒服多长时间了，从什么时候开始的，甚至还会让我们去做一些检查。只有了解了详细的病情之后，医生才会给出进一步的治疗方案。

回想下我们买保险的过程呢？保险公司可能不会问任何问题，直接就说某某产品很好，非常适合我们，再不买就买不到了。这不就相当于我们去看医生，医生什么问题都没有问我们，直接告诉我们，现在医院有一款新药特别好，马上就不卖了，你抓紧买吧，你吃了以后就可以治疗你的病。如果你在现实中碰到这样的医生，会不会直接就离开呢？或者说直接被吓跑呢？那么为什么到了保险，我们反而觉得顺理成章呢？是不是觉得保险不像药那样，药如果吃错了，可能对身体伤害很大，但是保险并不会，大不了就是损失点钱而已呢？然而现实很残酷，很多人真的因为买错了保险，最后受到很大伤害。

多少人以为自己当时买的保险是可以赔付疾病的，但是真的理赔的时候，发现这个也不赔，那个也不赔，因为买的只是一份理财产品。更糟糕的是，这个理财保险的钱需要用的时候还拿不出来。因为没有钱，最终可能耽误了最佳的治疗时间。现实中这样的案例并不在少数。

还有很多读者买的保险很全面，但是很大一部分险种都不适合自己，虽然涉及不到上面说的那种情况，但是损失很多钱是非常常见的。举一个常见的例子，大部分消费者可能都给孩子买过人寿保险，但是有真正考虑清楚为什么要给孩子买吗？人寿保险的主要作用就是保障身故，也就是说身故之后才可以赔钱，那么家庭是否需要孩子身故之后的这笔赔偿金呢？

买保险是为了日后发生风险，用保险的赔偿金来对冲掉风险带来的经济损失，但是仔细想一下，如果孩子真的不幸身故了，除了带来精神上的打击之外，带来经济上的损失了吗？如果没有，那么这个保障责任就是不需要的。这就相当于我们去看病，明明只是感冒，医生不但开了感冒药，还开了人参，不能说人参完全没用，但是不是多花了很多冤枉钱呢？

这也是我在开头强调的，我们买保险是为了解决问题。解决问题的关键是先找问题，只有找到自己想要解决的核心问题，才能说我们走的第一步是正确的。那么这个核心问题怎么找呢？我通过自己的实际案例讲述一下。

我是一个生活在北京的创业者，是家里的独生子，父母生活在内蒙古老家。因为我父亲早些年因糖尿病病重，生活基本不能自理，需要母亲照顾，我就有一个非常大的担忧，如果母亲不幸先行离开父亲，那么父亲就会无人照顾，我自己也就必须要承担起责任。如果真的发生这样的不幸，我只有两种选择，一种是自己照顾，另一种是找护工照顾。无论哪种，都是不小的经济压力。自己照顾，那么工作一定会受影响，无论是回老家还是在北京，收入一定会受影响，毕竟时间、精力被分散了。而找护工，那就是非常明确的经济压力了，尤其是找好的护工，那更是比较大的经济压力。

在这个案例中，我想解决的核心问题非常明确，就是一旦发生这样的事情，这个风险带来的经济损失怎么办。至于我是通过什么样的工具解决的，在后面的部分会详细介绍。

通过这个案例，希望大家可以从解决问题的角度出发，先找到自己想要解决的问题，而非直接跳过这个步骤，去胡乱选工具，最后可能适得其反。

每一个人的家庭财务情况、生命周期不同，所以大家面临的风险就不一样，我没有办法给到一个标准的风险模板，只能教大家从不同维度寻找可能存在的风险。

时间维度。我们需要从短、中、长期三个时间维度去思考潜在风险。短期指的是 3 年以内，中期指的是 3～10 年，长期指的是 10 年以上。因为现实问题，我们有时候的确很难顾及中期和长期的风险问题，但是我们必须尽可能规避掉短期的风险。

家庭成员维度。不同的家庭成员面临的风险并不一样，我们需要针对每一个家庭成员酌情分析，切勿用一个家庭成员的风险需求代表其他家庭成员的风险需求。

常见风险维度。生、老、病、死、残，我们遇到的大部分风险维度无外乎以上五种，所以可以从这五个风险维度去寻找核心问题。

如果已经找到了要解决的问题，下一步应该怎么办呢？我刚刚说的自己的情况是用什么工具解决的呢？我们下一个小节继续讨论。

下面我们一起回顾一下这个小节的几个主要知识点：

- 买保险是为了解决问题，而非为了买保险而买保险。
- 买保险之前找到要解决的核心问题才是最重要的。
- 每个人的家庭情况都不一样，需要我们自己从不同维度去寻找想要解决的问题。

寻工具 | 寻找可以解决问题的工具

当我们已经把想要解决的问题找到的时候，剩下的就是寻找可以解决问题的工具了。这个就和看病的流程一样，医生已经找到了病灶，那么剩下的就是用什么样的方式去治疗，比如吃药、打点滴，严重的可能是手术或者是一些其他的治疗方式。

不过在寻找工具这个环节，有两个重点是我们一定要注意的：第一点，思维不要受限；第二点，必须了解工具的本质。下面我们分别来说一下。

1. 思维不要受限

很多人在想到解决风险问题的时候，脑海中第一时间浮现的工具就是保险，这个想法固然没有错，但是这样会限制我们的思维。想一下，在生活中还没有出现保险这种金融工具的时候，难道就没有要解决的风险吗？一定有的，而且还会比我们现在的要多，但那个时候的人不也一样解决了吗？所以说，保险一定不是解决风险问题的唯一工具，而它是不是最好的工具，要结合每一个人的情况来衡量。

红白事随份子相信大家都不陌生，一些资料显示，其实红白事随份子就是古人应对风险的一种方式。在过去，大家的积蓄都很少，但是像红白事，尤其是在突然的情况下，对于一个家庭的压力还是很大的，那么怎么办呢？就演变出了对于红白事这种每一家都会发生的事情，大家都随份子，其实就是利用众筹的方式，帮助一个家庭渡过财务难关。久而久之，随份子的风俗就流传了下来。当然，这个事情无从考证，也不是本书的讨论重点，只是希望通过这个例子让大家打开思路，不要被保险完全圈住，多想想还有没有解决这类问题的工具。

再说比较具体的养老问题。很多人想在退休之后有一笔不错的退休金，于是就想到了商业养老保险，但是有一些人意识到这个问题时就已经晚了。举个例子，一个55岁的人，想现在买一份养老保险，在60岁退休的时候，每年都可以领到一笔不错的退休金。这个想法固然没有错，但是在利用商业养老保险规划的时候，就会遇到非常现实的问题：每年领的钱极少。

这里通过某一款养老保险来举例说明。55岁的男性，一年交2万元，交费5年，总计交纳10万元，60岁可以领取，每月可以领取551元，可以一直领取到身故。估计很多读者看到这里顿时就对商业养老保险失去了兴趣，为什么交的钱挺多，但是每月领的钱就这么一点，那还叫什么退休金呢？为什么会出现这种情况呢？不是说商业养老保险很好吗？商业养老保险不是万能的，不是说我们随时把钱交进去，到退休的时候就可以得到一大笔退休金，商业养老保险的钱也要符合金融逻辑。

保险公司不能无缘无故地把钱变多，之所以能发养老金，是因为保险公司用这笔钱做了投资，获得了收益。但是收益也会有高有低，养老保险的资金又不能出现风险问题，所以都是投资一些稳健的资产，那么收益必然就不会很高，所以短时间内，保险公司就不可能发放我们期待的高额养老金。

说到这里，很多人可能会疑惑，为什么身边有一些人却可以实现一开始交的钱并不多，但是最后领的钱很多呢？主要原因是时间。一些人在20多岁的时候就开始购买商业养老保险，中间有几十年的时间让保险公司去赚取收益，那么到60岁退休的时候领的钱自然就会很多。

用了这么大篇幅说养老保险，并不是想说商业养老保险不好，而是想要告诉各位读者，有时候保险并不是解决问题最好的工具，我们要分情况来看。

再举一个帮助大家打开思路的例子——车险。我们在购买车险时，一般都会购买两类，一类是交强险，另一类是商业车险。前者是强制的，车主必须购买，后者是自愿的。很多人可能不会买商业车险，觉得自己小心一点开车就没有什么问题，哪怕是发生了风险，大不了自己花钱修车就可以了。这个想法有错吗？完全没有错。因为不去解决问题，本身就是解决问题的一种方式。这句话听起来有点绕，我们详细解释一下。

风险无时无刻不在我们身边，难道说每一种风险我们都要通过工具去解决吗？当然不是，先不说有没有那么多工具，就是有的话，天天找这么多工具也不现实。那么怎么办呢？方法之一就是不去解决，风险本身就是有可能发生，也有可能不发生，哪怕是真的发生了，自己来承担这个后果就好了。那么说回车险，很多不购买商业车险的消费者认为自己花钱修车就是解决这个风险问题的最好方式。

我们简单总结一下这个小模块的主要内容和核心思维：

- 风险本身就是不确定的，不去解决其实就是解决工具的一种。
- 保险并非解决风险的唯一工具，一定要打开思路，多想一想还有没有其他工具。

2. 必须了解工具的本质

探讨完思维的扩展以后，最重要的是寻找工具的能力。我们必须要知道，作为普通消费者，到底有哪些工具可以用，如果我们连这个都不知道，寻找工具就无从谈起了。

从风险的本质开始思考，我们之所以惧怕风险，更多是惧怕风险给我们带来财力、人力、物力的损失。以上这些，有一些可以得到弥补，还有一些没有办法得到弥补，能弥补的更多是金钱方面的损失。所以，解决风险问题的核心本质是减少在风险中金钱的损失，围绕这个问题找到合适的解决工具。

财富的来源无外乎两个方面，一方面是劳动带来的收入，我们称之为劳动性收入；另一方面是资产带来的收入，我们称之为资产性收入或者被动收入。下面我们分别说明一下。

劳动性收入。假如劳动性收入足够高，以及效率足够高，我们就可以忽略一部分风险，比如上面提到的车险问题。如果一个人赚取的劳动性收入足够高，哪怕发生了车辆损失，自己也完全可以通过劳动性收入弥补。如果通过车险弥补，我们需要消耗一部分金钱以及适当的时间成本（选择产品的时间成本、投保时间成本以及理赔时间成本等）。对于收入足够高的人来说，可能时间成本更高，他们反而不在乎一些金钱损失。

资产性收入。资产性收入不单单指像投资基金、股票等的金融投资收入，像房产投资收入等也属于资产性收入，有时候资产性收入也是覆盖风险最好的手段。上文举的例子，55 岁的人，想在 60 岁退休的时候拿到一笔不错的退休金，通过商业养老保险其实很难做到。如果他的投资能力很强，用投资的方式也是可以满足养老需求的，就像很多人喜欢将定投指数基金作为养老规划一样。

分析了这么多，并不是让大家放弃保险（很多风险确实需要保险解决），而是希望大家在思考解决风险问题的时候，不要始终围绕保险去想问题，因为这样非常容易限制住我们的思维，保险虽好，但并不是万能的。我们要时刻谨记，保险只是解决众多风险问题的一种工具而已。

建匹配｜建设匹配问题的工具库

在找到需要解决的问题以及明确工具如何寻找以后，剩下的就是如何把以上两个问题针对个人情况做匹配。匹配好了，就是"药到病除"；匹配不好，可能就是"劳神伤财"。在建匹配环节中，以下四点最为关键。

1. 结合自己的身体情况

很多消费者在买保险的时候喜欢无脑"抄作业"，但要知道，每个人的身体情况不一样，适合别人的方案不一定适合自己。

说一个我咨询的真实案例。小 A 同学在我这里购买了一整套家庭保险，小 A 同学的同事知道后，发现小 A 同学的保险非常好，比自己原来买的便宜了 40% 还要多，也要求我给他做一套这样的方案。但沟通之后，我发现小 A 同学的同事其实完全不应该按照小 A 同学的保险那么买，因为他们俩的身体情况不一样，这位同事有甲状腺结节 3 类，不能购买小 A 同学买的保险，在我的建议下，他购买了另一套保险。

如果这位同事真的"抄作业"，最后的结果大概率是发生理赔纠纷，而他自己还会觉得很冤枉，为什么别人可以买自己却不可以，殊不知甲状腺结节是要进行健康告知的。这就和我们看病治疗一样，对于同一种病情，医生给两个人用的药可能不一样，原因就是其中有一个人对于某一类药是过敏的。

2. 结合自己的预算情况

保险的支出一定要控制在合理的范围，我一直建议，纯保障类保险的支出一定要控制在收入的 7% 以内，因为我们还有很多其他方面的生活支出。我们都知道，保险买得越全，保额买得越高，那么保障的效果一定越好，但问题是，我们的花费也会越多。

不同收入的家庭，买的保险一定是千差万别的。有的家庭买个百万医疗险和意外险就可以了，但有的家庭可以买保额很高的重疾险，还有一些家庭可以买高端医疗险。收入不同，配置的保险以及保险的支出也不同。

我们还是拿看病举例，因为收入的问题，有人看病只能用某一些

药。但有人因为收入较高，就可以用到另一些新药。比如前阵子比较火的
CAR-T 疗法，一针 120 万元，这不是每个家庭都可以承担得起的。所以，
我们要根据个人的家庭情况去匹配方案。

3. 结合自己的风险偏好情况

保险的作用是帮助我们解决风险问题，而对于风险本身，每一个人的
看法并不一样，也就是我们经常说的风险偏好。有人大胆激进，觉得哪怕
是发生风险了，自己也愿意去承担。还有一类人比较稳健，不想让风险过
度影响自己的生活，所以两类人选择保险方案的时候，最终结果也是完全
不一样的。

还是拿看病来说，对于某一种病情，可能存在不同的治疗方案。有的
方案比较保守，有的可能比较激进，哪怕是完全一样的病情，不同人选出
来的治疗方案也是不一样的。保险规划也是如此，我们要结合自己的偏好，
选择适合自己的保障方案。

4. 结合自己的投资能力

保险产品本身就是金融产品，只是拥有不同的金融属性而已。在选择
保险方案的时候，我们要充分匹配自己的投资能力。

我自己有三份重疾险，保额有 70 万元。其中两份是保障到 80 岁的版
本，一份是保障到 70 岁的版本，每年的保费在 6000 元左右。说到这里，
很多读者心中可能有两个疑惑：第一，为什么我的保障时间只选到 70 岁或
者 80 岁，而不是终身？到了 80 岁以后没有保障了怎么办？第二，为什么
我的保费这么便宜，很多人买个 30 万元保额的重疾险可能都要 6000 多元
了，为什么我的保费比别人便宜一半还多？

第一个问题，之所以买到 70 岁和 80 岁，就是觉得 80 岁之后，如果真
的发生风险了，我有能力去承担这部分风险，因为我现在离 80 岁还有 40

多年，这些年我可以自己赚钱。而保障到终身的版本保费会很贵，我宁可把那部分钱省下来自己去做投资，以自己的投资能力，获得的收益可能更多。第二个问题，因为我买的属于纯消费类保险，如果到80岁没有发生任何风险，保费相当于消费掉了，没有任何返还。

两个问题最终合并的本质是，我之所以这么买，是因为我想把钱省下来，然后用省下来的钱去做投资，因为我认为这样我的利益能更大。

重点申明一下，我的方案并非适合每一个消费者，就如上文所说，不同人的投资和风险偏好不一样，最终购买方案也不一样。没有绝对完美的方案，只有适合自己的方案。

到这里，系统班第1课理念篇的知识点就结束了，下面一起复习下这部分的主要知识点。

- 买保险前，一定要明确自己的问题，不要为了买保险而买保险，要为了解决问题而买保险。
- 保险并不是解决问题的唯一工具，要寻找一些适合这个问题的其他工具。
- 每个人的情况完全不一样，所以方案也完全不一样，一定要结合自己的问题所在配置适合自己的保险。

从第2课开始，我们就正式进入保险产品类型的讲解。

| 产品篇

哪些保险产品可以解决
我们的实际问题

保障类保险

百万医疗险 | 每人必备的保险产品

我们在速成班部分简单介绍了百万医疗险的优缺点以及筛选逻辑。这里再简单复习一下百万医疗险的特点。

百万医疗险和我们国家的医保类似，都属于看病住院之后，保险公司按照一定的比例报销医疗费用。这个报销医疗费用的责任里面，有几个点是我们必须要知道的。

- 免赔额。大部分的百万医疗险都有一年 1 万元的免赔额，只有自费超过这个部分才可以报销。

- 只赔住院。单独看门诊是不能报销的。

- 既往症不赔。百万医疗险不像医保,原来已经罹患的疾病是不予报销的。

为什么说百万医疗险是每一个消费者必备的保险产品?主要原因有三个。

- 价格便宜,保额高,保障全。商业保险中很难有一款产品把这三个优点全部集齐。一个30岁左右的消费者,一年保费只需要300元左右,却可以得到最高几百万元的报销金额,而且一些自费药和进口药都可以报销。

- 风险责任普遍。每一个人都会有看病住院的风险需求,这个风险比较普遍。

- 产品选择多。目前市场上百万医疗险非常多,对于消费者而言,购买起来非常容易,不会出现想买买不到的情况。而且产品选择多,就会导致产品极其"内卷",产品差异更小,消费者踩坑的概率大大降低。

综上所述,如果是在身体条件和年龄允许的情况下,强烈建议每一个人都优先购买百万医疗险。

关于百万医疗险,有几个消费者最常见的问题与误区。

1. 续保问题

百万医疗险属于交一年保一年的险种,我们称之为短期保险。在一年保障到期时,我们需要继续投保,这个时候,就会存在续保问题。比如,第一年买的时候身体健康,但是在这一年保障过程中发生了理赔,导致身体情况不符合继续投保的健康告知要求,那么就不能投保。或者说第一年买的时候身体没有问题，这一年也没有发生理赔，但因为体检时查出来一些身体异常指标，导致第二年投保时不符合健康告知，也不能投保。

在这种情况下，市场上就出现了两类产品，一类叫作保证续保产品，另一类叫作不保证续保产品。目前保证续保产品最高可以保证续保20年，也就是从第一次投保开始，无论发生什么问题，保险公司都会保证我们续保20年。但是这类产品一般有一个费率可调约定，如果产品整体的理赔率过高，保险公司有权增加保费。当然，这个针对所有购买该保险的人。

不保证续保产品虽然也会宣传不会因为被保险人的身体情况和理赔记录拒绝投保，但是最大的风险隐患在于产品停售。因为百万医疗险都是短期保险，产品一旦停售，消费者就不能投保了。而保证续保的产品就不会存在这个问题，即使产品停售，保险公司也会继续让老客户投保，只是新客户买不到了而已。

市场上总是会有某一些声音说自己家的百万医疗险可以保证终身续保，切勿被这类消息误导。下面分享三个消费者经常被误导的情况。

情况一：和重疾险一起买。因为重疾险是保障终身的，所以百万医疗险就是保障终身的。这类说法是市场上最为常见的误导之一，很多消费者不了解主险和附加险的关系，以为只要重疾险作为主险，百万医疗险作为附加险，百万医疗险的保障期限就可以跟重疾险的保障期限一样。

百万医疗险无论是否作为附加险，都有自己的保障期限，有自己的保障合同，其保障期限是一年。我们买了两份保险，只是买在了一张保单上而已，交钱的时候一起交，但是并不代表重疾险可以续保，百万医疗险就可以续保，因为百万医疗险有自己的续保条件以及停售的可能。保险公司完全可以因为被保险人不符合百万医疗险续保条件，单独停掉百万医疗险，而重疾险保障继续。此类情况也会发生在以其他险种为主险的情况下，比如主险为年金险，附加险为百万医疗险，原理都是一样的。

情况二：将防癌医疗险充当百万医疗险。在医疗险种类中，有一种防癌医疗险，这类保险可以简单理解成百万医疗险的子集，因为它只报销癌症的治疗费用，其他疾病并不管。所以，很多因为"三高"等一些身体异常的消费者，当买不到百万医疗险的时候，也会用这类保险作为一个补充。这类保险在市场上有保证终身续保的产品，但是它并不是百万医疗险，和百万医疗险的保障责任也有很大差别。

情况三：某些代理人宣传自己的产品可以保证终身续保。目前这类情况虽然也存在，但从 2021 年 5 月 1 日起，情况已经有所好转，因为银保监会已经出台百万医疗险的相关文件，如果一款百万医疗险宣传可以保证续保，就必须在条款中明确写明"保证续保"四个字，如果没有这四个字，哪怕条款写得多么诱人，多么严谨地告诉我们任何情况都可以续保，那么它也是不保证续保的产品。在没有出台这类文件之前，百万医疗险的续保争议一直是一个很大的问题，因为很多条款看似写得严丝合缝，但实际避重就轻，模棱两可，让很多消费者都以为可以续保到终身。而现在消费者并不需要看那么复杂的条款，只需要认准"保证续保"四个字就可以了。

以上三种情况如果都掌握了，就不会被一些"伪保证续保"产品所误导。目前在售的保证续保的产品一般为 6 年、10 年、15 年、20 年不等，但是最长的只有 20 年。

2. 百万医疗险单独购买问题

这个问题也是百万医疗险老生常谈的问题之一，很多消费者都说买不到可以单独购买的百万医疗险，但是市场上单独卖的百万医疗险又很多，为什么会出现这样矛盾的事情呢？主要原因有以下两点。

第一，消费者找的渠道不对。现在除了个别保险代理人的销售渠道，大多数渠道都可以单独卖百万医疗险。消费者不能单独买，可能是因为渠道问题。如果确定想单独买，可以多找一些渠道了解，本书后面也会为大家详解介绍现在保险销售的各种渠道。

第二，渠道不想单独卖百万医疗险。因为百万医疗险非常便宜，上文我们说一个 30 岁左右的消费者，一年保费才 300 元左右，而百万医疗险的佣金只有 10% 左右，也就是单独卖一份百万医疗险才赚 30 元左右，于是很多渠道就忽悠消费者，必须搭配重疾险一起购买。因为赚得少，所以不愿意单独卖，如果碰到这样的渠道，也要慎重选择，毕竟只为赚钱的渠道，后面的服务品质可能就要打一个问号了。

综上所述，市场上超过 90% 的销售渠道都可以单独买到百万医疗险，而且产品都非常好，如果咨询一个渠道买不到，可以多找找其他渠道。

3. 免赔额问题

99.9% 的百万医疗险都会有免赔额，切勿相信某某产品宣传自己的产品没有免赔额，一般这么宣传的，都是在混淆概念。比较常见的混淆概念情况有以下两种。

情况一：将重大疾病的免赔额等同于百万医疗险的免赔额。百万医疗险一般都有两个赔付额度：普通疾病赔付额度，一般产品都是一年 200 万元；重大疾病赔付额度，一般产品都在一年 400 万元。普通疾病的免赔额一般都是 1 万元，而重大疾病的免赔额一般都是 0，也就是没有免赔额。99.9% 的产品都是如此，所以如果有人说自己的产品没有免赔额，一定要区别这是重大疾病的免赔额，还是普通疾病的免赔额。

情况二：意外险、小额医疗险和百万医疗险组合购买。这个组合里面会有两种情况让我们混淆，第一种比较简单，就是用意外医疗险或者小额医疗险的免赔额去混淆百万医疗险的免赔额。比如意外险免赔额是 100 元，但是一起购买的时候，介绍的人会说得模棱两可，告诉我们这个产品的免赔额是 100 元，就让人误以为好像所有产品免赔额都是 100 元。这种情况注意一下就可以。

第二种情况比较复杂，弄明白第二种情况之前，我们必须先了解一个知识点，即医疗保险的报销逻辑。医疗保险的报销逻辑是补偿原则，这点在速成班讲百万医疗险报销的时候有所涉及。但是复杂的情况是买了两份商业医疗保险，尤其是小额医疗险和百万医疗险组合购买的情况。小额医疗险的免赔额一般是在 500～1000 元不等，保额是 1 万～5 万元。举一个例子，假设一次住院后，社保报销完住院费用以后还有 5 万元需要报销，如果我们买的小额医疗险免赔额是 500 元，保额是 1 万元，那么这个时候小额医疗险可以先报销，扣除 500 元免赔额以后，其实相当于报销了 9500 元。然后再用百万医疗险继续报销，这个时候小额医疗险报销的那 9500 元加上 500 元的免赔额就可以抵扣百万医疗险 1 万元的免赔额。所以剩下的 4 万元住院花费百万医疗险都可以报销。正是因为这样复杂的报销流程，我们最终确实没有体会到百万医疗险这 1 万元的免赔额，所以就会让我们误以为百万医疗险没有免赔额。

说到这里，很多读者朋友会觉得，这样不是挺好吗？组合的方式确实相当于我们没有了百万医疗险的免赔额，两全其美不是挺好吗？不过这里存在一个问题，即小额医疗险的问题，后文讲到小额医疗险的时候我们会做详细介绍。

到这里，我们就把百万医疗险常见的问题都讲完了，一起回顾一下这一部分的知识点。

- 百万医疗险是我们每一个人应该优先购买的保险。
- 百万医疗险容易混淆的问题有三个，分别是续保问题、单独购买问题以及免赔额问题。

意外险 | 杠杆比例最高的保险产品

在速成班部分，我们重点讲述了意外险的优缺点以及筛选逻辑，不过因为是速成班，对于意外险的全貌还有很多知识点没有讲到，在这个部分会详细讲述关于意外险我们需要了解的问题。

意外险指因为意外导致的问题，保险公司会按不同情况进行赔付。一般有三种情况，分别是意外伤残及身故的给付责任、意外医疗费用报销、意外住院津贴赔付。前两者是我们最为常见的情况，也是最为复杂的情况，我们会重点讲解。

1. 伤残和全残问题

在意外伤残及身故赔偿责任中，最容易混淆和忽略的概念就是"伤残"和"全残"的问题，虽然只有一字之差，但是两者的赔付金额天差地别。我们的国家伤残等级是从一级到十级，一级最重，十级最轻。全残属于一级伤残，如果意外险只保障全残和身故，就意味着从十级到二级的伤残全部无法赔付。

在这个责任中，我们必须知道两个重要的知识点：第一点，不是发生了意外就可以获得这项责任的赔付，伤残等级最轻也要界定为十级，如果没有到十级，那么这个责任是不能赔付的；第二点，重点区分个别意外险中伤残和全残的保障问题，虽然只有一字之差，但是赔付的标准完全不一样。

2. 猝死问题

从意外定义上来讲，猝死并不属于意外险的赔付范围。但因为猝死的死亡时间比较短，非常像意外险的赔付范围，就很容易产生混淆。如果一款意外险对猝死保障没有额外说明，那么这款意外险就是没有猝死保障的。

反之，如果一款意外险含有了猝死保障，一定会在条款中额外说明猝死的保障金额问题。所以，如果对猝死保障比较看重，那么一定要重点看看条款中是否含有猝死的保障范围。

3. 意外险中的额外赔付

现在大部分的意外险都会有额外赔付，也就是在基本保额上增加赔付金额。常见的方式有两种，一种是在交通工具上增加，另一种是在时间上增加。

在交通工具上增加是非常常见的情况，比如飞机、轮船、火车等低风险的交通工具，可以额外赔付基本保额的 3 倍等。对于在时间上增加，比如法定节假日可以赔付基本保额的 2 倍等。但是切勿以额外赔付作为筛选意外险的标准，在速成班部分我们就强调过，意外险的基本保额才是我们挑选意外险最重要的指标。

4. 长期意外险值得买吗

如果没有极其特殊的原因，我不太建议购买长期意外险。原因主要有以下四点。

意外险的健康告知宽松。因为意外险的健康告知极其宽松，甚至有的意外险都没有健康告知，只要生活可以自理，大部分人都可以购买意外险。虽然意外险是短期保险，交一年保一年，但并不会像百万医疗险一样存在不容易续保的问题，哪怕一年的意外险到期了，大概率还可以继续购买，所以没有必要因为担心日后不能续保，去购买长期意外险。

每年费用高，占用资金。长期意外险看似总保费低，但是每年的保费并不低。而且因为通货膨胀的原因，一开始交的保费越多，相当于损失得越大。这个很好理解，比如第一年花 300 元就可以购买的意外险，非要花 700 元购买长期意外险，那么其中多出来的 400 元相当于浪费了资金的使用效率。所以，把通货膨胀算进来的情况下，其实长期意外险的整体保费还会比短期意外险更贵一些。

灵活性低。长期意外险最少都是10年，买了以后责任是不会改变的。但随着市场上产品越来越完善，新的产品层出不穷，新产品不单保障更好，价格可能也会更低。如果我们买的是长期意外险，那么保障责任和价格就没有任何改变，灵活性会非常低。另外还有一些读者朋友觉得每年都要重新购买意外险很麻烦，长期意外险可以不用操心，要知道，保险本身就是一个需要不断调整的规划，如果想一劳永逸，是不可能做出合理的保障规划的。

保费基本恒定。有一些读者朋友买长期意外险是怕意外险的保费会随着年龄的增长而增长，其实这个担心并不存在。60岁以上的意外险会比普通年龄的意外险贵一些，但是也并没有贵很多。意外险的保费基本是恒定不变的，而且随着市场产品创新更多，竞争压力增大，产品更加便宜都有可能。

综上所述，意外险一年一买就可以，没有极其特殊的情况不建议购买长期意外险。

5. 车站、飞机场等公共交通场所销售的意外险值得买吗

不建议购买。一般这类公共交通场所的意外险都很便宜，价格在1～100元不等，但是这类意外险只是单次保障，而且保额极低，无论从产品性价比还是价格来说，其实都是不划算的，如果有购买意外险的需求，可以直接购买比较全面的意外险，保障更全，价格更便宜。

6. 车险中已经买了车上人员险，还需要购买意外险吗

车上人员险和意外险的保险标的是不一样的。车上人员险的保险标的是座位，也就是无论是谁坐在这个位置上，都可以得到保障，而意外险的

标的是某一个具体的人。如果车上经常固定就是 1~2 人，购买单独的意外险会更加划算一些，毕竟意外险不单单保障在车上的时候，平时的其他意外也有保障。而如果车上经常坐人，而且又是一些不固定的人员，担心这些人员发生风险，是可以购买车上人员险的。有一点需要注意，如果两者都购买，那么也不一定都会赔付，尤其是在意外医疗责任这一块，因为意外医疗是补偿型报销，两者加起来不会超过总医药费。

关于意外险的大部分知识点和疑惑基本都讲清楚了，我们最后再一起回顾一下。

- 意外险一般有三个责任：意外伤残和身故责任、意外医疗责任、意外住院津贴。
- 意外险一般不含猝死的保障，尽可能购买短期意外险，不建议购买长期意外险。
- 选择意外险的时候要注意基本保额，而非最高保额，伤残和全残一定要区分开。

重疾险 | 保障类保险中最重要的产品

重疾险是所有保障类保险中最重要的险种，没有之一。原因主要有以下三点。

第一，最复杂。重疾险是所有保障类保险中最为复杂的。先不说复杂的疾病种类，就是各种分组不分组、癌症多次赔、心脑血管多次赔付等就让消费者选得眼花缭乱。有人喜欢返还型，有人喜欢储蓄型，有人喜欢消费型，到底哪种才是最好的？

第二，花费最多。重疾险的保费占比一般达到整个家庭保障类保险保费的 80% 以上。一个 30 岁左右的消费者，买一份保额 50 万元的重疾险，少则几千元，多则要上万元，重疾险绝对是我们花费最大的保障类保险。

第三，差异化最大。不同公司的产品差异化极大，最贵的重疾险可能会比最便宜的重疾险贵 50% 以上，如果测算总保费的话，价格可以相差十几万元之多。

无论是以上的哪一点，重疾险都是值得我们花费最多时间研究的保险险种。本部分会详细介绍和重疾险相关的问题。

1. 重疾险都保什么以及怎么赔

（1）重疾险都保什么

重疾险全名叫作重大疾病保险，也有人称之为大病险。虽然占了重疾两个字，但是它的赔付范围不单单限于重疾，像轻症、中症也可以赔付。根据银保监会的最新规定，所有的重疾险中必须含有规定的 28 种重大疾病和 3 种轻度疾病。而这 31 种疾病，基本覆盖了常见重大疾病的 90% 以上。其他没有规定的疾病种类，各个保险公司可以根据市场情况自行定义。因为市场的极度透明化，常见疾病的种类也越来越同质化，但是如果一项一项对比，不同的产品之间还是会有不同。

在保障疾病方面，很多读者觉得既然赔付范围含有轻症和中症，重疾险会很容易得到赔付。其实这个想法是错误的，虽然产品条款写的是"轻症"，但是这个"轻症"并不轻，银保监会规定的三种轻症分别是轻度的恶性肿瘤、较轻的急性心肌梗死、轻度的脑中风后遗症，可见所谓的轻症病已经到了我们认为很严重的地步了，所以购买重疾险之前，一定要对疾病定义有清晰的认知。

（2）重疾险怎么赔

在速成班的时候我们讲过，重疾险的赔付方式和医疗保险是不一样的，重疾险属于符合条款中的理赔规定，就会直接赔付对应的保额。比如我们买了 50 万元的重疾险，如果罹患了合同内规定的重大疾病，会直接得到

50万元的保险理赔款。很多消费者对于重疾险理赔的理解还停留在看病报销的阶段，这是完全错误的。而且重疾险的赔付是可以累加的，比如购买了两份重疾险，保额分别是30万元和40万元，如果不幸罹患了合同内规定的重疾，就可以获得70万元的赔偿金。

重大疾病的赔付一般都是我们购买保险的基本保额，比如我们买50万元，就会获得赔付50万元。还有一些额外赔付的条款，我们后面会详细介绍。而重疾险中的轻症和中症赔付就不是基本保额，一般会比基本保额低。按照现在市场上主流的重疾险赔付方式，中症赔付的比例一般是在基本保额的50%～60%，一般赔付2次。而轻症的赔付比例一般是基本保额的20%～30%，一般赔付3～5次。

举一个简单的例子，小张同学购买了一份基本保额为50万元的重疾险，那么如果罹患重疾，就是赔付50万元；如果罹患轻症，假设赔付比例为30%，那么就是赔付15万元；如果罹患中症，假设赔付比例为60%，那么就是赔付30万元。这个简单的数学公式很好理解，不太好理解的是赔付顺序和次数问题。

重疾险的赔付核心逻辑一定要记住，只要还没有赔付重大疾病，那么保单就继续有效，其他的轻症和中症继续赔付。比如小张同学购买了一份重疾险，先理赔了一次轻症，那么保单继续有效，还可以继续赔付轻症、中症以及重疾剩余的次数。但如果小张同学不幸先理赔了重疾，那么赔付完保单就终止了。而赔付额度方面，轻症、中症、重疾的额度是不相互影响的。比如小张同学买了50万元的重疾险，赔付完轻症15万元以后，又赔付了一次中症30万元，那么在赔付重疾的时候，还是可以赔付50万元的基本保额。

简单总结一下该小节的主要内容。

• 重疾险可以赔付轻症、中症、重疾，但是这个轻症并不是我们认为的很轻的疾病。

- 重疾险赔付属于符合合同内规定，即可赔付保额，轻症和中症都是按照基本保额的一定比例赔付。只有赔付完重疾，保单才会终止。

2. 重疾险的种类

（1）从重疾险的赔付次数来分类

上文说了重疾险的轻症和中症都可以多次赔付，其实重疾也可以多次赔付。按照赔付次数来分，重疾险可以分为多次赔付重疾险和单次赔付重疾险。上文我们说，重疾险是以重疾的赔付而终止的，如果是单次赔付重疾险，那么赔付一次重疾保单就终止了，而如果是多次赔付重疾险，那么赔付完对应的重疾次数，保单才会终止。

在多次赔付重疾险中有一点很多消费者容易弄混淆：赔付一次重疾后，保单虽然没有终止，但是轻症和中症也不能继续赔付了，只有其他规定的重大疾病才可以赔付。单从保障上来说，多次赔付重疾险一定会优于单次赔付重疾险，但是前者的保费也会贵很多。

多次赔付重疾险中，又会有两种形态，分别是分组多次赔付重疾险以及不分组多次赔付重疾险。理解这两类保险之前，我们必须先明白一个基础概念，就是分组。

所谓的分组，就是把重大疾病按照一定的特征，分成5～6组，不同的产品略微会有不同。下面我们就以5组来举例，分别是A、B、C、D、E组，假设一款重疾险的重大疾病种类是100种，那么每一个组别里面就含有20种重大疾病。如果A组别里面的其中一种疾病赔付完，那么A组别剩下的19种疾病也就不能赔付了，只能赔付B、C、D、E组别的疾病。所以，我们在选择分组重疾险的时候，要重点关注如何分组，如果保险公司把常见的疾病都分到了一个组，那么其实这个多次赔付也就是伪多次赔付了。

不分组的重疾险就比较好理解了，即每一种疾病都可以赔付一次。不同不分组多次赔付重疾险的赔付次数不太一样，有2次的、3次的等。

从产品优势上来说，不分组多次赔付重疾险＞分组多次赔付重疾险＞单次赔付重疾险。

从价格上来说，正常情况下，一般是单次赔付重疾险＜分组多次赔付重疾险＜不分组多次赔付重疾险。

（2）从重疾险的保障时间来分类

重疾险并不像百万医疗险一样属于长期保险，所以保障的时间可以自由选择，如保障1年、保障20年、保障30年、保障到60岁、保障到70岁、保障到80岁、保障到终身。

只要选择好了保障年限，在保障年限内，就不用担心续保时健康告知的问题，首次投保时身体情况符合健康告知即可。所以，重疾险的长期性保障是其最大的特点之一。

（3）从重疾险的返还金来分类

重疾险的返还金，可以说是消费者最为关心的话题之一。很多消费者想知道，重疾险的理赔这么苛刻，如果若干年后没有发生风险，那么交的保费会怎么样呢？是消费掉了？还是能返回来？

按返还金来区分，市场上主要有三类重疾险产品，分别是储蓄型重疾险、返还型重疾险、消费型重疾险。需要明确一个概念，这些名字因为没有专业的定义，我们也只是按照目前市场上主流叫法来称呼。

返还型重疾险在速成班的要点7已经详细讲过了，这里就不再赘述，主要是帮助大家复习一下。返还型重疾险其实由两全保险和消费型重疾险组合而成，看似买的是一份保险，其实买的是一个产品组合，这类产品的购买建议我也在要点7做了详细解答。

本小节重点讲述储蓄型重疾险和消费型重疾险的特点。这里说的消费型重疾险和储蓄型重疾险，说的都是保障至终身的重疾险产品，因为保障到一定期限的重疾险没有储蓄型保险一说。

说到储蓄型保险和消费型保险，很多消费者第一印象一定是这样，储蓄型保险可以退回来钱，消费型保险就是消费掉了，不能退回来钱。这个理解是完全错误的，因为无论是储蓄型保险还是消费型保险，都是可以退回来钱的，只是退的多和退的少的问题。要明白这个问题，必须先讲清楚两个概念：退保和现金价值。

无论买的是什么保险，消费者都有权利在任何时候选择退保，退保的时候，可以退还保单的现金价值（可以简单理解成保单值多少钱），而这个现金价值就是很多人理解的返还金。明确了这两个概念以后，我们就理解了储蓄型保险"返还"的本质，如果我们没有发生风险，可以向保险公司申请退保，保险公司会把保单的现金价值退还给我们。那么我们需要知道的是，在不同的时间，保单的现金价值是多少。

表 2-1 为储蓄型保险和消费型保险对应的现金价值（因为空间问题，只展示部分时间对应的现金价值）（此案例为 35 岁，男性，保额 50 万元，30 年交费）。

表2-1　储蓄型保险和消费型保险现金价值对比

保单年度	储蓄型保险		消费型保险	
	已交保费（元）	现金价值（元）	已交保费（元）	现金价值（元）
第5个保单年度	49 900	14 635	31 750	9 435
第10个保单年度	99 800	48 600	63 500	31 155
第15个保单年度	149 700	92 360	95 250	58 315
第20个保单年度	199 600	147 270	127 000	90 805
第25个保单年度	249 500	205 465	158 750	122 775

（续）

保单年度	储蓄型保险		消费型保险	
	已交保费 （元）	现金价值 （元）	已交保费 （元）	现金价值 （元）
第30个保单年度	299 400	275 345	190 500	160 455
第35个保单年度	299 400	312 650	190 500	173 185
第40个保单年度	299 400	348 480	190 500	181 795
第45个保单年度	299 400	380 725	190 500	184 640
第50个保单年度	299 400	408 480	190 500	181 555
第55个保单年度	299 400	431 960	190 500	173 745
第60个保单年度	299 400	451 440	190 500	162 515
第65个保单年度	299 400	467 410	190 500	148 140
第70个保单年度	299 400	492 320	190 500	81 960

从表 2-1 中，我们可以非常清晰地看到两种保险的区别：在同样的条件下，储蓄型保险的总保费比消费型保险的总保费多了 10 万多元；储蓄型保险的现金价值逐年递增，大概在 32 个保单年度的时候，现金价值基本和已交保费持平；消费型保险现金价值的最高点在第 45 个保单年度左右，此时现金价值基本和已交保费持平，随后逐年递减。

除此以外，储蓄型保险和消费型保险在其他形态上完全一样，只是在消费型保险的基础上增加了身故责任，也就是说，同一款产品既可以是消费型，也可以是储蓄型，只是看我们想买什么形态而已。想买储蓄型，就多增加身故责任，想买消费型，就不买身故责任。但是有一些公司的重疾险产品是强行绑定身故责任的，也就是只有储蓄型的形态，这个问题我们会在后面做详细介绍。

通过以上对比，我们已经清晰地了解了储蓄型保险和消费型保险的区别，下面我们简单总结一下主要的知识点。

- 重疾险分为不分组多次赔付、分组多次赔付以及单次赔付。
- 消费型保险和储蓄型保险的区别，其实只相差了身故责任。

3. 保费豁免

重疾险作为长期保险，有一个独特的条款是其他保险没有的，就是保费豁免。保费豁免，是指在保费还没有完全交完之前，被保险人就不幸发生了合同内约定的风险，那么剩下的保费就不用继续交了。说到这里，我们要先普及一个基础知识，就是重疾险的交费期限有很多选择，比如10年、20年、30年等，这点在下个部分我们也会详细讲到。

在保费豁免中有四个非常容易混淆的概念，分别是豁免保费责任、豁免疾病责任、疾病赔付责任以及人物标的责任，我们下面来重点讲解一下。

（1）豁免保费责任

豁免保费责任是四个概念中最容易理解的，也就是说如果发生了合同约定的风险，那么剩下没有交的保费就不用交了。举个例子，小张同学选择交费30年，但是刚交了2年保费，就不幸发生了约定的风险，那么剩下28年的保费都不用再交了。

很多读者在此会有疑惑，那么保单的保障怎么办呢？这和我们一开始讲的重疾险核心赔付原则是一样的，只要重大疾病的责任没有赔付完成，保单就继续有效，以后该怎么赔付还是怎么赔付。

（2）豁免疾病责任

豁免保费一定要触发某种责任，而疾病种类就是触发的根本原因。目前市场上主流的重疾险产品都可以豁免轻症、中症、重大疾病。简单来说，就是罹患了合同内规定的疾病，那么日后的保费就不用交纳了。

（3）疾病赔付责任

这是很多读者最容易混淆的地方，豁免是豁免责任，赔付是赔付责任，两个责任是独立的，只是因为现在豁免责任和赔付责任的触发条件是一样的，让很多消费者误以为二者是一个责任。举一个例子方便读者理解，比如小张同学在购买保险后，不幸罹患了轻症疾病，这个时候保单就会触发两个责任，一个是轻症疾病的保费豁免责任，另一个是轻症疾病的赔付责任。也就是在赔付轻症疾病保额的同时，日后的保费也豁免了。

但是也会有复杂的情况，比如豁免的责任和赔付的责任不一样。重疾险赔付轻症、中症、重疾，但豁免保费的责任只有中症和重疾，没有轻症。假如不幸罹患了轻症，只能触发轻症的赔付责任，不能触发豁免责任。虽然这种情况比较少发生，但是希望各位读者能清晰地知道豁免和赔付是独立分开的两个责任。

（4）人物标的责任

这是保费豁免中最难理解的。在讲解这个问题前，我们要先了解两个概念，就是投保人和被保险人。简单来说，投保人是交钱的人，而被保险人是被保险保障的人。投保人和被保险人可以是一个人，也可以不是一个人。举个例子，小张同学给自己买了一份保险，他就既是投保人又是被保险人；小张同学给他爱人买了一份保险，那么小张同学就是投保人，而他的爱人就是被保险人。

明白这个问题，下面我们再来说人物标的责任的问题。保费豁免责任分投保人豁免责任和被保险人豁免责任两种，所以人物标的不一样，豁免的结果也完全不一样。我们先来说被保险人豁免责任，对于大部分重疾险，这项责任本身都会含在重疾险的保障责任里面。有一小部分重疾险，这项责任需要单独购买，这点一定要注意。被保险人豁免责任是说一旦发生了重疾险规定的理赔，那么保费也就豁免了，这和我们上文讲到的一个责任触发两种结果一样。

投保人豁免责任则复杂得多，如果没有看明白一定要多看几遍。

首先，想购买投保人豁免责任一定要满足两个条件，第一是这个重疾险有这项责任可以购买，不同产品不太一样，有的产品本身就没有这样的责任，所以即使想买也没有办法。按照目前的市场情况，可以购买投保人豁免责任的重疾险在 70% 左右。第二，只有被保险人和投保人不是一个人的情况下，这项责任才可以单独购买，因为大部分重疾险本身自带被保险人豁免责任，如果投保人和被保险人是一个人，其实就相当于已经豁免了。

其次，投保人豁免责任的保险标的是投保人，这点一定要清晰。举个例子，小张同学给自己的爱人买了一份重疾险，并且附加了投保人豁免责任，如果小张同学发生了合同内约定的风险，那么只触发了投保人豁免责任，就是这张保单的保费豁免了，但是小张同学的爱人赔付疾病的责任并没有触发，这一点不要弄混。

最后，一般情况下，父母给孩子投保，或者是夫妻之间互相投保（简称夫妻互保），会附加投保人豁免，其他情况往往不会附加。

了解完以上情况，我们来说一个投保人豁免中最复杂的情况，夫妻互保。小张同学给自己爱人买了一张保单 A，然后小张同学爱人又给小张同学买了一张保单 B，两者都附加了投保人豁免以及保单自带的被保险人豁免。在这种情况下，无论是小张同学还是他的爱人，只要是一方发生了合同约定的风险，那么两张保单都会豁免。下面我们详细拆解一下。

假设小张同学不幸发生合同约定的风险，我们先来看保单 A，小张同学为投保人，爱人为被保险人，这张保单就触发了投保人豁免责任，保费豁免。再来看保单 B，小张同学爱人作为投保人，小张同学作为被保险人，那么触发了被保险人豁免责任，保费豁免。反之，小张同学爱人如果发生了风险，两张保单也会豁免，这里不做赘述。

在现实生活中，夫妻互保虽然看上去很美好，但并不容易实现或者被消费者接受，主要原因有以下两点。

第一，投保人豁免条件要求苛刻。一般投保人豁免都没有核保审核，只要是身体有一点点异常，那么健康告知就不能通过，所以很难买到投保人豁免，尤其是在目前亚健康多发的情况下，很多人的体检报告多多少少会有一点问题，找我咨询的用户中，80%以上的用户都不符合投保人豁免的购买条件。

第二，投保人豁免占用保障额度。当夫妻双方同时购买一家保险公司的产品时，因为部分公司会有购买重疾险额度的上限，比如50万元，那么在增加了投保人豁免的时候，保障额度就会被占用，一般只能买到上限保额的60%左右，也就是30万元。很多人为了能多买到保额，也就放弃了这个责任。不过也有为这个责任坚持的消费者，操作的方式一般是夫妻双方购买不同公司的产品，这样额度就可以买到最高。因为现在产品极其同质化，无论是投保人豁免责任还是被保险人豁免责任，不同的产品都是一样的，所以最后的结果也是一样的。

下面一起复习一下保费豁免这一小节的主要内容。

- 保费豁免最重要的核心知识点，就是把四个概念独立来看，无论是豁免保费责任、人物标的责任、疾病赔付责任还是豁免疾病责任，都要单独来看。
- 投保人豁免最大的应用就是夫妻互保，但是因为一些限制问题导致实现起来并不容易。

4. 重疾险的交费期限

重疾险作为长期性保险，交费期限会比短期保险的选择性更加宽泛一些，一般会有趸交（一次性交清）、3年交、5年交、10年交、15年交、20年交、25年交、30年交等不同选择。在重疾险交费期限上有以下两个问题是很多读者朋友容易混淆的。

其一，每年保费恒定。重疾险每年的保费都和第一年的保费一样，无论选择交费多少年，第一年保费是多少，后面每年的保费就是多少。

其二，交费期限不能超过保障期限。无论选择哪种交费方式，交费期限是不能超过保障期限的。比如小张同学今年30岁，买了一款保障20年的重疾险，那么他的最长交费期限为20年，他不会有30年的选择。

说到这里，很多读者朋友会疑惑：重疾险的交费期限应该怎么选？是选长一点的，还是选短一点的？我们这里还是通过一个具体的案例进行分析：小张同学30岁，男性，保额50万元，分别选择10年交费、20年交费和30年交费，保费对比如表2-2所示。

表2-2　不同交费期限保费对比

	10年交费	20年交费	30年交费
每年保费（元）	11 315	6 755	5 300
总保费（元）	113 150	135 100	159 000

通过表2-2我们可以清晰地对比出，交费期限越短，每年交的保费越多，而交的总保费会越少。为什么会出现这样的差异呢？主要原因有以下两点。

第一点：通货膨胀。

现在基本每个人都了解通货膨胀，即钱会越来越不值钱（其实就是购买力减弱）。比如10年交费期限和30年交费期限相差了20年的通货膨胀原因，后者交的总保费一定会比前者多。可以换一个实际的场景想象下，今年的5300元和20年后的5300元的购买力一定是不一样的，相当于 20 年后的 5300 元更不值钱了，那么 30 年交费的总保费必然就会更多一些。

第二点：被保险人保费豁免。

上文已经详细阐述了保费豁免的问题，而交费期限的拉长，就意味着保费豁免的概率更大，也就会导致交的总保费更高。比如，10 年的交费期限，豁免的保费金额最多为 101 835 元，豁免的时间最长为 9 年；而 30 年的交费期限，豁免的保费金额最多为 153 700 元，豁免的时间最长为 29 年。通过以上两组数字的对比，无论是在豁免的金额上，还是在豁免的概率上，交费期限越长对消费者越有利，所以保费也会更多一些。

那么消费者在选择重疾险时，到底是选择交费期限长一点的，还是选择交费期限短一点的？如果不是极特殊的情况，比如收入不稳定等，交费期限越长越好，虽然看似交的总保费会增多，但是无论是被保险人豁免还是通货膨胀的原因，对于消费者都是有利的。而且从投资的角度来说，我们可以把剩下还没有交的保费用作其他投资，这也是提高资金利用率的一种方式。

简单总结下这一小节的主要知识点。

- 重疾险有不同的交费期限，不论选择哪一种，每年的保费都是恒定不变的。
- 重疾险的交费期限越长越好。

5. 额外保障责任

现在随着用户需求的递增，重疾险的额外保障责任越来越多，我们这一小节将详细地拆解目前最为常见的四种额外保障责任。

第一种：身故保障责任。

这项责任从字面的意思就可以理解，是保障身故的。目前市场上的产品主要分为两种，一种是买重疾险的时候本身自带身故责任，也就是强行绑定。另外一种是可以选择买，也可以选择不买。既然我们把它当成额外保障责任来看，主要讲的就是后者这种情况。

身故保障责任顾名思义，指如果不幸发生身故风险，保险公司会按照合同约定赔付身故赔偿金。这个赔偿金一般会分成两种，一种是身故赔付保额，这和重疾险保额是一样的；另外一种是身故赔付已交保费，到身故的时候，交了多少钱就会赔付多少钱。那么赔付保额和赔付保费的产品，两者的价格一定是不一样的，后者的保费会远远低于前者，毕竟前者多赔了很多钱。但无论是哪种赔付情况，一旦发生身故赔付，保单也就终止了，其实这个比较好理解，被保险人的生命已经终结，那么保单自然而然也就终结了。

身故赔付保额有一个注意事项是消费者必须要清晰知道的，就是身故赔付保额和重疾险保额是共用的。比如小张同学购买了50万元保额的重疾险，在赔付完重大疾病50万元保额之后，如果不幸身故，那么这个身故责任就不能赔付。同理，如果先赔付完身故保额，那么保单也就终止了，重大疾病也就不能赔付了。

第二种：基本保额额外赔付。

现在市场上有一种最为常见的额外赔付责任，就是在某某年限以内，可以额外赔付基本保额的一定比例。比如在60岁之前，如果发生重大疾病，可以额外赔付基本保额的150%。假设小张同学购买了50万元的重疾险，不幸在60岁之前罹患了重大疾病，那么就可以得到75万元的理赔金。这项责任现在不单单会加在重大疾病的赔付责任里面，像轻症、中症也会有一些，原理都一样。比如轻症正常的赔付比例是30%，额外赔付是在60岁之前多赔付10%，那么如果不幸在60岁之前罹患轻症，就可以赔到20万元，比原有的15万元多赔付了5万元。

第三种：癌症的二次赔付。

这项责任是消费者最为关心的额外赔付责任。随着现在医疗水平的进步，癌症患者的生存率越来越高，但癌症是一个复发率很高的疾病，很多消费者担心一旦罹患了癌症，在重疾险赔付完之后复发的话就没有了保障。所以保险公司就针对消费者的需求，做出了癌症的二次赔付责任。

癌症赔付责任都是类似的，在首次确诊癌症，间隔约定的时间以后，如果依旧处于癌症状态，那么可以得到额外的赔偿金，而市场上癌症的多次赔付方式主要有以下两种。

间隔时间长，赔付保额高。这种赔付方式一般要求第一次癌症确诊时间和第二次癌症确诊时间间隔不少于 3 年，无论是原有、新发、转移和持续都算，那么在预定的间隔期之后，可以额外赔付基本保额的 100% 左右。

间隔时间短，赔付保额低。这种赔付方式一般要求第一次癌症确诊时间和第二次癌症确诊时间间隔在一年以上，无论是原有、新发、转移和持续都算，可以额外赔付基本保额的 40% 左右，一般可以赔付三次，但是每次间隔时间都不能少于 365 天。

两种赔付方式各有优劣势，具体选择要看个人需求。

第四种：特定心脑血管疾病额外赔付。

对于特定心脑血管疾病的定义，不同的产品不太一样，但是大部分都不会少于两种最为常见的疾病，分别是严重的脑中风后遗症以及急性心肌梗死。特定心脑血管疾病额外赔付和癌症额外赔付的第一种方式比较相似，一般都是确诊两种同样疾病的时间间隔，不少于 3 年，可以额外赔付基本保额的 100%。举个例子，小张同学不幸罹患了严重的脑中风后遗症，在 3 年后不幸又确诊了脑中风后遗症，那么就可以再次得到 100% 基本保额的赔付，急性心肌梗死也是同样。

注意，无论是严重的脑中风后遗症还是急性心肌梗死，原来状态的持续是不能获得赔付的，必须是新的情况才可以得到赔付。

到这里，我们就把最为常见的四种额外赔付责任讲完了，当然还有一些不太常见的赔付责任，在这里不做赘述，大家如果碰到本书没有涉及的额外赔付责任，可以根据所学内容自行理解。而关于这类附加责任到底要不要选，什么样的人适合购买，后面会详细介绍。

简单总结下这一小节的主要内容。

- 重疾险的额外赔付责任就是在原有的基础上增加了一些保障责任。
- 这些保障责任都有约定的条件，比如保额、时间以及疾病定义等。

定期寿险 | 被市场严重低估的保险产品

定期寿险这类产品，在互联网保险没有兴起之前，很多消费者根本都没有听过，甚至很多保险从业人员都不知道这类产品，但是这类产品的价格绝对低于任何一款保障类保险，所以我认为定期寿险绝对是被市场严重低估的保险产品。

定期寿险，从字面意思理解，就是保障到一定期限的人寿保险，它和终身寿险一样，都是保障身故责任的保险，只是定期寿险的保障期限是定期，而终身寿险的保障期限是终身而已。在展开讲定期寿险前，我们先分析下定期寿险不被市场熟知的原因，了解这些原因，读者也能更好地了解这类产品。

原因一：重疾险自带身故责任。互联网保险大面积兴起是在2015年前后，在那之前，保险的主要销售渠道只有两种，保险公司代理人和银行。无论是哪种渠道，那个时候销售的重疾险都是自带身故责任的保险，也就是重疾险和终身寿险的组合，即使是现在，市场上这两类渠道销售的重疾险依然是这样的方式。所以，已经有了终身寿险，定期寿险这种产品自然而然就没有宣传的必要。

原因二：保险公司不将其作为主要推荐产品。我的第一份定期寿险是在 2015 年的时候买的，但是我找的那个代理人自己都不知道公司有这类产品，以及这类产品的具体意义是什么。其实并不是我的代理人不专业，而是公司确实没有培训过这类产品，代理人自然就不熟知。再加上在那个时候真正懂这类产品的人比较少，所以基本上很少有人推荐。保险公司不推荐，消费者也就不会了解到这类产品。

原因三：很多人忌讳谈论死亡。即使到现在，很多人也是忌讳谈论死亡的，觉得不吉利。就拿我自己来说，我经常和父亲开玩笑说，我买了 600 万元的定期寿险，如果我身故了，你和妈妈就可以每人得到 300 万元的理赔款，有这笔钱的话，你和妈妈的养老生活不会太差，我也算是尽了孝心。但是每次父亲都会训斥我，说我这么说不吉利。其实生老病死是人生常态，不是我们谈论它，它就会发生，也不是我们不谈论它，它就不会发生。但是在现实生活中，很多人确实忌讳这样的问题，尤其是死亡。而定期寿险刚好和死亡相关，并且一般都是选择保障到 60 岁，如果真的发生理赔了，也就代表这个被保险人很早就身故了，所以也就更少有人愿意讨论它。

了解完定期寿险被低估的原因后，下面来具体说下这类保险的作用和价值。

定期寿险的保险责任非常简单，就是保障身故，现在有一些产品也会加上全残。所以它的责任不会像其他保险那么多，赔付的条件只有一个，身故或者全残。套用老百姓经常说的一句话就是，不死不残不赔钱。

定期寿险的"定期"，是指它的保障是有一定期限的，比如 1 年、10 年、15 年、20 年、30 年、保障至 60 岁、保障至 70 岁、保障至 88 岁等。这里不一一列举，其保障期限选择相比重疾险更多，基本满足了大部分用户的需求。定期寿险的交费期限也和重疾险的规则一样，每年的保费是恒定不变的，交费期限也不能超过保障期限。

通过以上两个方面的了解，就很容易总结出定期寿险的责任，它是在一定期限内保障身故或者全残的保险，如果在这个保障期限发生风险了，保险公司就直接赔付保额，如果没有发生风险，到期之后保单就会自动终止，交的保费也不会退还，就是经常说的消费掉了。

讲到这里，很多读者朋友可能会疑惑，无非就是保障身故的保险，为什么我这么推崇呢？其价值究竟在哪里呢？价值主要体现在两点：杠杆比例高以及灵活性。

杠杆比例高。杠杆比例高指我们交的保费和保额之间的比例高。拿一个 30 岁男性来举例，交 10 年，保 10 年，300 万元保额的定期寿险，保费只需要 1600 元左右。每年用 1600 元就可以对冲掉 300 万元的身故风险，杠杆比例非常高。

灵活性。因为定期寿险的保障期限和交费期限选择性非常多，它可以满足不同消费者在不同阶段的风险需求。

定期寿险真正的作用在于留爱不留债。

定期寿险和其他保障类保险都不一样，它是唯一一个被保险人自己"用不到"的保险。像百万医疗险、意外险、重疾险发生理赔的时候，大概率被保险人还健在，虽然身体情况不如健康的时候，但是被保险人得到的理赔款却可以弥补这些风险带来的损失。而定期寿险不一样，它在赔付的时候，被保险人是身故或全残，得到的这笔理赔款基本是留给家人的。所以我们才称呼其作用为留爱不留债。

估计很多读者已经明白定期寿险真正的意义了：赔偿金留给我们的父母、爱人、孩子。虽然我们不在了，但是他们还在，不能因为我们的不幸离开，让他们的生活雪上加霜。所以定期寿险规划的目的主要是对冲债务。

对冲显性债务。所谓显性债务，就是房贷、车贷等一系列可以算出具体数值的债务。想象这样一个场景，主人35岁左右的家庭，男性赚钱养家，女性在家照顾宝宝，而一般都会有房贷、车贷甚至是装修贷等。如果这个家庭男性经济支柱不幸身故，这些贷款怎么办？国人的基本收入往往来自劳动性收入，如果不工作，基本就断了收入来源。那么还活着的人就能不偿还这些债务了吗？一定不行，如果还不上，银行会把房子收回。所以，定期寿险可以弥补这样一种风险。

对冲隐性债务。除了显性债务以外，其实还有隐性债务。比如孩子的抚养、父母的赡养，尤其是80后、90后，基本都是独生子女，如果有人不幸离开了，父母怎么办？他们由谁来照顾？其实这些隐性债务在风险没有发生的时候我们很难察觉到，但是一旦发生，可能就是压垮家庭的最后一根稻草。

那么定期寿险具体应该怎么用呢？我用亲身案例帮读者做一个拆解。

简单应用篇：买在自己身上

我自己有600万元的定期寿险是专门留给父母的，前面我也介绍过，我是独生子，父母虽然退休，有不错的养老金，但是真的等他们年龄大的时候，可能这些资金并不能让他们过上高质量的养老生活。如果我没有发生意外，可以努力赚钱，也许不一定能赚到很多，但有我在身边照顾，他们的生活质量不会太差。

如果我真的不幸先行离开他们，虽然他们在精神上会很难过，但是得到理赔款后，在财务上不会捉襟见肘，也能有不错的生活质量，这就是定期寿险的意义。上文说到定期寿险的灵活性，在这里就体现出来了。虽然我有赡养父母这项隐性债务，但它不是一直存在的，如果父母已经去世，其实这项隐性债务就已经消失了。那么这个时候，我们就可以根据自己的情况来合理规划定期寿险的保障期限了。我的父母已经60多岁，这份定期寿险的保障期限是 20 年，那么其实在他们 80 多岁之前，我都不用担心。在他们 80 多岁以后，无论是我的财务条件改善还是他们生命周期的缩短，这个问题就已经不存在了。

复杂应用篇：买在别人身上

前面提到，要根据自己的风险问题来找到解决方案，我的一个风险问题就是怕我母亲先行离开父亲，这样父亲就会没有人照顾，进而会导致我的财务状况和生活发生改变，但是我那个时候没有谈我是怎么解决的，其实就是通过定期寿险。

我给母亲买了一份定期寿险，保障期限是 10 年，保额 100 万元。如果母亲不幸在 10 年内身故，我可以用这 100 万元来应对接下来的生活。这个应用复杂就复杂在，看似是给母亲买的保险，其实最终"受益"的是我和我的父亲，这个也就是一开始说的，定期寿险其实是留给家人的保险。

通过这样两个例子，相信读者对定期寿险的价值已经有了清晰的了解，可以根据自己的情况规划家庭的定期寿险保额以及保障期限。下面我们一起总结下这一小节的知识点。

- 定期寿险是在一定期限内保障身故及全残的保险。
- 定期寿险的真正价值是帮助我们对冲显性债务和隐性债务。
- 定期寿险最大的两个优势是杠杆比例高与灵活性高。

防癌险 | 重疾险及百万医疗险的替代品

防癌险前些年在市场上并不被人熟知，主要原因是需求量太少，很多保险公司甚至都没有类似的保险。近几年因为防癌医疗险的火爆，这类产品又重新走进了消费者的视野。

防癌险的主要形态有两种，一种是给付型防癌险，这种也是最早的一类防癌险形态。另外一种是防癌医疗险，是近些年才开始流行起来的形态。

1. 给付型防癌险

给付型防癌险和重疾险的形态可以说是一模一样，只是在保障范围上和重疾险差距很大。重疾险保障 100 多种疾病，癌症只是其中之一。但是给付型防癌险只保障癌症这一种疾病，其他的疾病都没有保障。

说到这里，很多读者朋友可能会奇怪，这种产品怎么会有市场呢？明明重疾险更好，直接买重疾险就可以了，还买什么防癌险呢？如果单从保障上来说，防癌险确实和重疾险没有办法比，但是防癌险有自己独特的地方，就是在健康告知方面。

防癌险只保障癌症，所以健康告知就不会涉及其他疾病，比如常见的"三高"、心脏、肾脏等问题，哪怕是已经患有这些疾病的消费者都可以购买防癌险，但是他们却不能购买重疾险。也就是说，防癌险主要是给那些买不到重疾险，但是又想有一些保障的消费者准备的，毕竟癌症依然是重疾中发病率最高的疾病之一，哪怕防癌险只保障癌症这一种重疾，总比没有任何保障要好。

防癌险除了健康告知比较宽泛以外，相比于重疾险，另外一个优势是价格更便宜。这个也比较容易理解，毕竟保障范围相差了很多，便宜也是正常的，在同样条件下，防癌险大概便宜 30%。

简单总结下给付型防癌险的特征：给付型防癌险主要有两个优势，分别是价格便宜与健康告知宽泛；最大的作用就是帮助想买重疾险但是已经买不了的消费者，在保障癌症方面做一个补充。

2. 防癌医疗险

防癌医疗险和上文讲到的百万医疗险在形态上是一样的，唯一的区别就是在保障范围上，百万医疗险针对更多疾病，而防癌医疗险只针对癌症。依照上文讲的给付型防癌险的特点，防癌医疗的特征也主要是健康告知宽泛和价格便宜。但是防癌医疗险只比普通的百万医疗险便宜10%左右。

防癌医疗险与百万医疗险还有一个小小的不同，就是目前市场上已经有可以保证终身续保的防癌医疗险，而百万医疗险没有。所以很多预算比较充足的消费者为了能有长期的保障，在购买百万医疗险的同时，也会购买一份保证终身续保的防癌医疗险。但我不太建议大部分消费者这样配置，因为百万医疗险的报销责任完全覆盖了防癌医疗险的责任，如果真的不幸罹患癌症，需要报销的时候，也只能用其中之一进行报销，所以防癌医疗险用到的概率极小。不过，这样配置确实有两个小优势。第一，如果一年内累计的治疗癌症的费用过高，比如已经超过400万元，那么额外多买的防癌医疗险就起到了作用，不过这样的情况比较少见。第二，续保问题，如果真的有一天百万医疗险不能续保，但是还有一份防癌医疗险在，那么就多了一份保障。所以我才说，一般只有预算特别充足的消费者才会这么配置。

我们简单总结下这一小节的主要知识点。

- 防癌险有两种形态，分别是给付型防癌险和防癌医疗险，它们的形态分别和重疾险、百万医疗险一致。
- 无论是哪种形态的防癌险，一般都是作为备选来用，给那些买不到重疾险或者是百万医疗险的消费者癌症保障方面的补充。

小额医疗险 | 理赔概率最高的一类保险

小额医疗险是很多消费者最为喜欢的一类保险，之所以被称为小额医疗险，是因为它的最高报销额度都不会太高，基本是在5000~50 000元，但是因为它的免赔额度比较低，所以它的理赔概率就会非常高。小额医疗险从产品形态上来分，主要分为门诊医疗险以及住院医疗险。从名字我们就可以得知，一类是报销门诊医疗费用的，另一类是报销住院医疗费用的，下面我们来看这两类保险及其购买建议。

1. 门诊医疗险

门诊医疗险从人群来区分，主要分为成人和儿童产品。在产品的种类上，儿童的门诊产品种类会多于成人，成人的门诊类产品选择相对较少。两者除了在被保险人的年龄要求上不太一样，其他的保障责任基本一致。下面我们来重点阐述下门诊医疗险的几个关键点。

保额。门诊医疗险的保额基本都是在 5000～10 000 元不等，一年内最高的报销金额不能超过保额。

免赔额。不同的产品会有一些不同，但是大部分门诊医疗险的免赔额度都在 100～500 元之间，超过了免赔额度的部分，保险公司就可以报销相应的费用。不过有一点要注意，门诊医疗险的免赔额有的按次计算，有的按日计算，在购买之前一定要了解清楚。

报销比例。门诊医疗险和我们讲述过的百万医疗险类似，首先在购买的环节会区分有社保版本和无社保版本，有社保版本的保费会比无社保版本便宜 30% 左右。一般儿童有社保版本的保费在 560 元左右，而无社保版本在 930 元左右。两种版本的报销比例也不太一样。如果是有社保版本，在社保结算完以后，就可以 100% 报销，而如果没有用社保结算，那么就只能报销 60%。如果是无社保版本，就不存在社保结算的问题，都是报销 100%。

报销范围。大部分的门诊医疗险都只认可二级及二级以上的公立医院，报销社保范围内的甲类及乙类药品。

健康告知。门诊医疗险的健康告知是所有保险中最为严格的，毕竟它的理赔概率更高一些。在健康告知内容里面，大部分的内容和百万医疗险类似，但一般都会有这则健康告知内容：被保险人目前或过往是否有疾病未治愈或正接受治疗，或出院后至今未满 3 个月。这一条的健康告知，读者一定要注意，这是很多消费者最容易忽略的点。大部分宝爸宝妈想给宝宝购买这类保险的时候，都是在宝宝得病以后，那么这时基本都不会满足这一条健康告知。所以在购买的时候，一定要仔细注意这一条健康告知内容。

2. 小额住院医疗险

小额住院医疗险有两种情况：一种是单独的一份产品，只有住院医疗责任；另外一种是附加在门诊医疗险里面，也就是门诊医疗险既有门诊医疗责任，也有住院医疗责任。下面我们针对小额住院医疗险重点阐述下它的特点。

保额。小额住院医疗险的保额一般是在 1 万～5 万元，会比门诊医疗险高一些。

免赔额。不同产品对免赔额的要求不太一样，不过大部分的免赔额都在 0～500 元之间。这里有一个地方需要注意，有的产品免赔额按照年龄来区分，比如 0～3 岁，免赔额为 300 元，4 岁及以上，免赔额为 0 元。

报销比例。小额住院医疗险一般不分有社保和无社保版本，只是在报销的时候有社保结算和没有社保结算的比例不一样。一般情况下，社保结算完以后，可以报销 80%～90%，没有用社保结算，一般只能报销50%～60%。

保费价格。成人的小额住院医疗险一般会便宜一些，大概是一年 350元，1 万元的保障额度。而儿童的小额住院医疗险一般是一年 300 元左右，1 万元的保障额度。

报销范围。报销认可的医院一般都是二级及二级以上的公立医院，但是在药品报销方面，可以报销部分自费药。

健康告知。小额住院医疗险的健康告知会比门诊医疗险的健康告知略微宽松一些，但在购买时也一定要认真阅读健康告知。

3. 小额医疗险以及门诊医疗险的购买建议

一般情况下，儿童只购买门诊医疗险，因为门诊医疗险会包含住院医疗责任。只有在两种情况下才会单独购买住院医疗险，第一种，觉得门诊医疗险附带的住院医疗额度不够高，因为一般附带的额度都只有 1 万元左右，想买高一点保额的消费者会选择再购买一份住院医疗险。但是我不建议这样配置，最建议优先购买的商业保险是百万医疗险，而百万医疗险只有 1 万元的免赔额，如果小额住院医疗险的报销额度超过 1 万元，我们就可以直接用百万医疗险来进行报销，所以保额买高其实用处并不大。第二种，觉得门诊医疗险比小额住院医疗险保费贵。虽然只贵了 200 多元，但是有一些消费者会这么选择。上面说的两种情况其实并不常见，一般都是直接购买门诊医疗险。

成人一般都只购买小额住院医疗险。主要原因是成人的门诊医疗险产品极少，很多消费者很难选到，即使选到了，也会发现产品性价比并不高，再加上成人与儿童相比，去看门诊的概率大大降低，所以很多消费者都是直接购买 1 万元的小额住院医疗险，目的就是抵掉百万医疗险的 1 万元免赔额。

是否购买小额医疗险，要衡量自己的时间成本。现在大部分保险营销内容都在鼓吹这类保险，毕竟这类保险确实抓住了很多消费者的需求，理赔概率高。但我希望在另外一个角度给读者一些提示。购买一份保险一定是有时间成本的，从产品的学习、选购到日后的理赔都会耗费我们的时间，每个人的时间成本不一样，就会导致不同的人有不同的选择。

我自己并没有购买这类保险，主要原因就是理赔时间成本问题。虽然说现在网上的理赔越来越方便，但是依然要走收集资料、上传资料等流程，这个过程会耗费时间，并且最为关键的一点是，我们还有不发生这类风险的可能，比如我几年都没有因为这类小问题住过院。哪怕真的发生了这样的风险，最多就是1万元的事情，自己承担也就承担了，这样的风险不会给我带来太大的经济压力。所以，基于对时间成本以及经济损失方面的考虑，我本人并没有购买。

我并不是劝读者购买这类产品，也不是劝读者不要购买这类产品，而是提醒读者要结合自己的风险承受能力以及时间成本综合来做选择。一些家庭觉得一年大几千元的宝宝门诊医疗费是非常大的开销，就可以用这类保险来对冲风险。另一些家庭觉得这几千元的费用并不是大事，再加上时间成本问题，就可以选择不购买。其实这样的思考方式也是本书一直强调的：保险规划一定要结合自身的情况，切勿人云亦云。

下面我们一起复习下这一小节的内容。

- 小额医疗险一般分为两种，小额住院医疗险以及门诊医疗险。
- 这类保险的免赔额比较低，但是保额也比较低。
- 是否购买这类产品，要结合自身的风险承受能力、风险承受意愿以及时间成本来综合考虑。

高端医疗险｜每个人心中最理想的保险形态

很多消费者印象中，商业医疗保险应该是这个样子：只要我们去医院看病，医院随便选，病房随便挑，看病不排队，药品随便用，看完病一分钱都不用花，只需要提前和保险公司打一声招呼。但是当消费者在现实中购买了商业医疗保险以后，才发现根本不是自己想象的那个样子，不是有医院的限制，就是有免赔额的限制。难道市场上就没有可以满足我们这些需求的商业医疗保险吗？

市场上真的有这样一类保险：高端医疗险。上面所有的情况高端医疗险都可以实现，但是需要我们付出高额的保费。下面我们重点阐述下高端医疗险的优点和缺点。

优点一：医院及病房更好。大部分的医疗类保险都只能报销二级及二级以上公立医院的普通病房。高端医疗险之所以高端，就是不单单认可公立医院，私立医院也同样可以。并且高端医疗险的被保险人基本都是入住私家病房。

优点二：费用直结。大部分的高端医疗险不用自己先行垫付医疗费用，都是看完病以后，保险公司和医院直接结算，真正做到了看病不花钱。

优点三：增值服务多。看病不排队、国外就医等增值服务可以满足大部分消费者的服务需求。

优点四：100% 报销。大部分的高端医疗险无论是门诊还是住院，基本都可以做到 100% 报销。

说完高端医疗险的优点，我们再说一下它的唯一缺点：价格贵，保费从几千元到几万元甚至到十几万元不等。

相对于普通医疗保险来说，高端医疗险更为简单，因为其保障更加全面，但问题是费用太高，它更适合预算比较充足的用户群体。

惠民保险｜投保最为宽松的商业保险

惠民保险是最近几年才出现的保险险种，一般由地方政府联合保险公司一起发行，因为健康告知宽泛、保费便宜等优点，自推出以来受到市场的强烈追捧。截至 2021 年年底，已经有几百个城市推出了这类保险，比如北京的京惠保、上海的沪惠保等，不同的城市有不同名称，但是它们的保障责任大同小异。这类保险和我们前文讲到的百万医疗险类似，都属于报销型保险，只是在报销的细节方面略有不同，下面我们详细阐述一下这类产品的优点和缺点。

优点一：健康告知宽泛。大部分的惠民保险都是没有健康告知要求的，也就是说无论身体情况如何，都可以投保这类产品，也因为这样的条件，很多买不了百万医疗险的消费者选择了惠民保险。

优点二：无投保年龄限制。大部分的惠民保险都没有年龄限制，百万医疗险的最高投保年龄是70岁，而大部分的百万医疗险限制在55岁或者是60岁，其实就是将一部分老人排除在外，但这部分老人才是最需要医疗保险的人群。现在有了惠民保险，这部分老人也可以得到商业保险的保障。

优点三：无既往症限制。几乎完美的高端医疗险都会有部分既往症的限制，而百万医疗险更是如此，有的百万医疗险对既往症的定义极其严格，甚至是体检出来的身体异常都会被定义为既往症，而既往症往往都是不能赔付的。但是惠民保险打破了这个限制，既往症也可以赔付，虽然赔付的比例会相对低一些，但是有保障总比没有保障好。

优点四：保费便宜。惠民保险的保费基本都在一年200元左右，是大多数家庭都可以承担起的费用。

优点五：没有等待期。也就是保单生效以后就可以报销，这也是很多医疗保险做不到的地方，比如一般的百万医疗险等待期是30天，而保证续保20年的百万医疗险等待期需要90天。

以上这五个优点是惠民保险最大的优势，也是让这类保险深受用户喜欢的主要原因。虽然惠民保险优点很多，但是我们也必须了解缺点。

缺点一：有当地医保的人群才可购买。购买惠民保险的首要条件就是必须拥有当地医保，所谓的当地医保包括新农合、城镇居民基本医疗保险、城镇职工基本医疗保险。举个例子，小张同学在北京打工，公司给他缴纳了北京的社保，那么他就可以购买北京的惠民保险。而小张同学父母缴纳的是内蒙古的社保，就不能购买北京的惠民保险，只能购买内蒙古当地的惠民保险。

缺点二：免赔额度高。大部分的惠民保险年度免赔额都在 1.5 万元以上，有的甚至达到 3 万元，也就是经过社保报销以后，自己花费的部分超过这个免赔额，才可以进行报销。这么高的免赔额，基本只有大额的花费才可以用到。我们可以试着倒推一下，假设国家基本医疗保险的综合报销比例在 70%，那么一年住院花费要在 6 万元以上才能用到惠民保险。

缺点三：报销比例低。不同地方的惠民保险差异较大，相对来说，经济越发达的城市推出的惠民保险报销比例越高。如果不是既往症，那么一般报销比例在 50%～80%。如果是既往症，一般报销比例在 0～50% 之间，并不是所有的惠民保险都会赔付既往症。

缺点四：短期保障，续保不确定。这类保险属于交一年保障一年，第二年能不能续保是一个未知数。而惠民保险没有健康告知，续保存在的最大不确定性是产品停售问题，如果产品下架，我们就没有办法继续投保。

综合来看，惠民保险有利有弊，我们很难要求一类保险满足所有的需求，强大如高端医疗险，其实也有致命的缺点，就是贵。所以像惠民保险这类产品，我认为已经做得非常好了。

下面我们总结几个惠民保险的常见问题。

问题一：惠民保险适合什么样的人群购买？

有三类人群适合购买惠民保险。第一类，已经买不了百万医疗险的人群，最适合购买惠民保险。第二类，购买百万医疗险的时候，某一些身体情况除外承保，可以用惠民保险作为补充。第三类，购买百万医疗险的时候已经有既往症的存在，如果当地的惠民保险可以保障既往症，那么可以用惠民保险进行补充。

问题二：如果当地没有惠民保险怎么办？

虽然现在已经有几百个城市推出了惠民保险，但是依然还是有很多城市没有推出。如果必须要买惠民保险，可以购买某些保险公司推出的全国惠民保险，这类惠民保险虽然不是地方政府推出的，但是它和后者类似，也同样具备惠民保险的优缺点。

问题三：已经买了其他保险，还需要购买惠民保险吗？

除了百万医疗险和惠民保险功能类似以外，其他保险和惠民保险都算是作用互补。所以这个问题可以参照问题一，以购买百万医疗险为优先选择，如果买不了百万医疗险，可以用惠民保险代替。

以上就是关于惠民保险的全部问题，我们来一起总结下主要知识点。

- 惠民保险属于百万医疗险的替代品，如果不能购买百万医疗险，可以用惠民保险来替代。
- 惠民保险有很多优点，同时也存在很多缺点，一定要清楚了解以后再购买。

理财类保险

在保险种类的专业定义中，并没有理财这个种类，理财类保险只是保险市场上消费者对于有理财功能的保险的总称而已。而所有具有理财功能的保险，其本质都是人寿保险的分支。所以，要想弄明白理财类保险的本质，我们应该先了解清楚人寿保险。

人寿保险，从字面意思理解，就是以人的寿命为保险标的的保险。而人的寿命可以从三个方面来作为保险标的，一是以生存责任为标的；二是以死亡责任为标的；三是保险标的中既有生存责任，又有死亡责任。基于生存责任和死亡责任，在人寿保险这个大类中，又延伸出了不同种类的保险。我们通过图 2-1 来了解人寿保险这个大家庭。

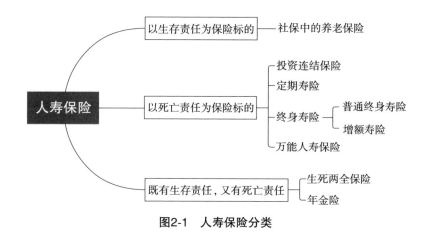

图2-1　人寿保险分类

单纯以生存责任为保险标的的人寿保险，最为常见的就是社保中的养老保险。养老保险的基本责任就是只要被保险人生存，那么就可以领取养老金。当被保险人身故的时候，这张保单也就终止了，养老金也不能再被领取，这也是最简单的人寿保险。

单纯以死亡责任为保险标的的人寿保险，最简单的就是上文中讲到的定期寿险。在保障期限内，如果被保险人身故，受益人就可以获得一笔理赔金。而像投资连结保险、终身寿险、万能人寿保险也是以死亡责任为保险标的的人寿保险，只是在产品形态上更为复杂一些，我们后面会做详细的介绍。

比较复杂的就是最后一种，在一份保险中，既有生存责任又有死亡责任，最为常见的就是生死两全保险和年金险，年金险算是在生死两全保险上的一个变形。

本部分主要讲解市场上最常见的几种人寿保险产品，分别是投资连结保险、增额寿险、万能人寿保险（万能险）、生死两全保险以及年金险。这些保险都是消费者在市场上买得最多的几类商业人寿保险。

要想看懂人寿保险，就必须了解人寿保险中最重要的两个概念，即保险成本和投资本金。毫不夸张地讲，如果把保险成本和投资本金这两个概念搞清楚了，那么对于所有的人寿保险就都了解透彻了。在讲这两个概念前，我们还需要了解另外几个知识点：保险公司的费差、死差和利差。

所谓费差，简单理解就是保险公司要开展业务，必须预先评估运营成本，假设是 100 万元。但是在实际开展业务过程中花掉了 80 万元，那么剩下的 20 万元就是费差。

所谓死差，就是预定死亡率和实际死亡率的差值，如果前者高于后者，就产生了利润；如果后者高于前者，就产生了亏损。

所谓利差，就是保险公司的实际收益率和预定收益率的差值，如果前者高于后者，就产生了利润，反之则产生亏损。

我们每年交的保费，其实就是由这三个底层因素构成的，我们可以简单理解为，保险成本对应的是死差和费差，而投资本金对应的是利差。人寿保险的保费可以理解成被保险公司当成两个部分来使用，一部分用作保险成本，给我们提供保障，而另外一部分作为投资本金，用于提供利息。

我们可以把保险成本简单理解为，要获得一定的保额赔偿，需要支付的费用。比如一份人寿保险在身故时赔付 50 万元，那么就需要我们支付可能赔付 50 万元对应的保险成本。如果一份保险只有单独的保障问题，不存在收益问题，这个保费就可以等同于保险成本。我们可以把定期寿险简单理解成这种类型：只有保障，不存在任何收益。

投资本金比较好理解，这部分钱只用作投资，不提供保障。我们上文说到的社保中的养老保险，只支付生存受益金，没有任何额外的保障作用，所以我们可以把这类保险中的保费简单理解成全部是投资本金。

如果以上两个概念都理解清楚了，我们就把所有人寿保险的形态都理解清楚了，无论人寿保险怎么变形，无非就是调整保险成本和投资本金在保费中的占比而已。就像是跷跷板的两端，一边是保险成本，另一边是投资本金，一边高了，另一边一定会低（见图2-2）。

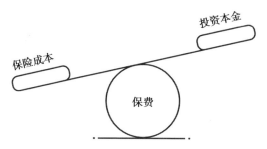

图2-2　人寿保险中最重要的两个概念：保险成本和投资本金

彻底弄懂了以上两个概念，下面我们就可以正式进入具体的理财类保险产品的讲解了。

投资连结保险｜保险公司发行的基金产品

投资连结保险是前些年特别受到市场追捧的一类保险，但是近几年已经在市场上逐渐没落了。之所以把这类保险拿出来重点讲解，主要原因有两个方面：第一，曾经的受众人群很多，借此让已经买过或者即将要买这类保险的人对这类保险有清晰的了解；第二，产品结构具有代表性，通过对这类产品的学习，读者能更好地理解理财类保险及基金的相关知识。下面我们就重点阐述这类产品的主要特点及优缺点。

1. 投资连结保险简介及产品形态

投资连结保险简称投连险，是一种既有保障功能又有投资功能的人寿保险。回顾我们上面说的人寿保险的两个要素——保险成本和投资本金，投连险是把这两个要素比例做得最为简单的一种人寿保险。

投连险直接把我们交纳的保费分成两个账户，一个是保障账户，另一个是投资账户。进入保障账户的保费直接为我们购买保额提供保险成本，而另外一部分保费会进入投资账户，直接作为我们的投资本金。这类产品的基本形态非常容易理解，就是相当于我们买了两个账户而已。

先来说保障部分，保障部分的主险一般都是人寿保险，也就是身故保障，但是部分产品也会额外附加一些其他保障，比如重大疾病保障。无论是一种保障还是多种保障，其实就相当于我们自己花钱买了一份保障类保险而已。

投资账户这个部分和我们平时了解到的理财类保险不太一样，它的收益率下不保底，上不封顶。简单来说，进入投资账户的这部分保费，如果亏损了，那么就亏损了，保险公司不会有保底收益一说。讲到这里，有一些金融基础知识的小伙伴可能会觉得这不就是基金产品吗？其实它就是保险公司发行的基金产品而已。

基金简单来说就是我们把自己的钱交给专业机构，它们用我们的钱帮我们去做投资，然后收取一定的管理费用，无论是亏损还是赚取收益，这些风险都由我们自己来承担。所以，投连险看似买的是一份保险，实则是把保险和基金组合在一起。可能很多读者朋友会疑惑，既然已经知道了这类产品的形态，为什么不自己单独买保障类保险和基金产品呢？这样选择不是更多吗？

原因主要有以下三个方面。

其一，很多人在购买这类保险的时候并不知道形态拆解完是这样的结构，只是以为自己买了一份保险，这份保险不但提供保障，而且还可以提供一部分收益。

其二，很多人并不了解这类产品的形态，也不了解基金，觉得自己买的是保险，亏损风险就会很小；买的是基金，亏损风险就会很大。前些年投连险的投诉案件非常多，主要原因就是很多消费者并不知道投连险的投资风险非常大。

其三，投连险毕竟是保险产品，所以在保险这个角度的应用层面上会有一些帮助，比如税收问题。

2. 投连险的优缺点

投连险的优点主要有两个方面。

其一，选择成本低。对于很多不太懂投资的消费者，在成百上千只基金中选择到适合自己的并不太容易，所以直接把钱交给保险公司是一种不错的选择。

其二，保险功能属性。一些国家会征收遗产税，如果用保险的方式去转移资产，日后发生理赔的赔偿金是不用缴纳遗产税的，这也是很多人愿意买人寿保险的一个主要原因。

投连险也存在着很多缺点，这是导致这类保险逐渐没落的主要原因。

首先，保障产品性价比太差。因为投连险侧重的更多是投资方面，所以在保障方面做得缺少竞争力，尤其是在现在产品体系非常丰富的情况下，越来越多的人选择单独购买保障类保险。

其次，产品收益问题。保险公司投资多多少少会受一些限制，不如基金公司灵活，无论是产品的多样性，还是产品收益问题，投连险都不如现在的基金产品，所以更多的人会自己选择基金产品。

因为现在保险产品的多样性，投连险的优势被很多其他保险所超越，而其缺点又很难改变，导致这类产品逐渐退出了历史舞台。不过通过投连险的介绍，我们能更好地理解保险成本以及投资本金的应用。

增额寿险｜保障及理财兼顾的保险

增额寿险是现在所有理财类保险中呼声最高的一类保险，这一小节让我们详细了解一下理财类保险中的"新贵"——增额寿险。

1. 增额寿险简介

增额寿险的产品形态其实和上文介绍的投连险类似，只是投连险把保险成本和投资本金直接放在了两个公开的账户里面，而增额寿险把保险成本和投资本金放在了两个"隐形"的账户里面，其实原理是一样的。

增额寿险其实就是一份终身型人寿保险，因为它的身故赔偿保额会随着时间的推移而增加，故得名增额寿险。但是无论如何变形，它的本质都不会发生变化：一部分保费用作身故保障的保险成本，另外一部分保费用作投资本金。只是通过保险精算模型的设计，这两个隐形账户看起来没有那么明显而已。

虽然叫作增额寿险，有着可以增额赔付的身故责任，但是它的保险杠杆并不高，也就是交纳的保费和赔偿身故保额之间的比例并不高。举个例子比较好理解，一个 30 岁左右的男性，一年交纳 5000 元，5 年交费，增额寿险的赔付保额只有 8000 元，相当于是 1.6 倍的杠杆比例。这意味着在增额寿险中，保险成本在保费中的占比非常低，从而投资本金占比就会更高，所以购买增额寿险的消费者看重的是它的投资属性。

2. 增额寿险的收益

现在市场上大部分增额寿险的最高预定收益率都是 3.5%，所以在第一梯队的产品中，实际收益率也基本都是在 3.5% 左右。关于收益率这个问题，有两点是很多消费者容易弄混的地方。

第一，收益率为后期演算得出。任何一份增额寿险产品本身并没有在合同中写明此产品的收益率为多少，只是注明每一个保单年度末的现金价值，因为现金价值是固定的，合同上写多少就是多少，所以通过现金价值的增长，可以用复利计算器倒推出具体的收益率，而市场上经常说的收益率为3.5%，其实就是通过后期演算而来。

第二，收益固定。由于增额寿险的收益就是现金价值的增加，而现金价值是在保险合同中写明的，合同上写明到某一年是多少钱，实际到了某一年就是多少钱，无论发生什么情况，这个现金价值都是不会发生变化的，所以很多人也变相地称增额寿险的收益是固定的，不会多也不会少。某增额寿险现金价值表如表2-3所示，增额寿险的现金价值会写在合同里面，永远不会发生变化。

表2-3 某增额寿险现金价值表

保单年度	保单年度末现金价值（元）	保单年度	保单年度末现金价值（元）	保单年度	保单年度末现金价值（元）
1	11 049	15	1 778 833	29	3 933 002
2	26 381	16	1 978 734	30	4 070 927
3	46 303	17	2 188 818	31	4 213 670
4	118 847	18	2 409 439	32	4 361 398
5	196 724	19	2 640 928	33	4 514 287
6	303 465	20	2 883 574	34	4 672 517
7	429 345	21	2 984 785	35	4 836 276
8	574 956	22	3 089 541	36	5 005 758
9	740 855	23	3 197 964	37	5 181 164
10	927 536	24	3 310 183	38	5 362 702
11	1 078 749	25	3 426 332	39	5 550 589
12	1 239 947	26	3 546 545	40	5 745 048
13	1 410 015	27	3 670 963	41	5 946 316
14	1 589 453	28	3 799 732	42	6 154 640

（续）

保单年度	保单年度末现金价值（元）	保单年度	保单年度末现金价值（元）	保单年度	保单年度末现金价值（元）
43	6 370 285	48	7 566 604	53	8 987 071
44	6 593 407	49	7 831 491	54	9 301 734
45	6 824 326	50	8 105 650	55	9 627 480
46	7 063 312	51	8 389 411		
47	7 310 645	52	8 683 098		

3. 增额寿险的收益领取

上文说到，增额寿险收益的增加来源于现金价值的增加。而现金价值是不能领取的，所以增额寿险的收益领取用的是另外一种方式，即保单部分退保。

前面我们介绍过，如果保单不想继续交纳，那么可以选择退保，退保退的就是保单的现金价值。而退保方式有两种：一种叫作部分退保，另一种叫作全额退保。目前大部分产品都只能全额退保，也就是退保的时候必须把现金价值全部退回来。而增额寿险可以选择部分退保，也就是只退还一部分现金价值，另外一部分现金价值继续保留在账户中，持续增值。

举一个简单的例子，增额寿险相当于一个复利为3.5%左右的理财账户，假设现在账户里面已经有200万元，我们想要从里面领取100万元，其实就是退出来100万元的现金价值，那么账户里面就还剩下100万元的现金价值，这100万元继续按照每年3.5%左右的收益率持续增值。现在比较好的增额寿险，在部分退保这个环节没有任何限制，可以随时退保。所以很多人把增额寿险的部分退保等同于领取现金价值，虽然两者在定义上是不一样的概念，但是在结果上是一样的效果。

4. 增额寿险独特的优缺点

增额寿险的优点主要有以下三个方面。

保本保收益。因为现金价值写在合同里面，当保单的现金价值超过已交保费以后，从严格意义上来说，这个保险就是一份保本保收益的理财产品。不但不用担心本金亏损，甚至也不用担心收益有变化，合同约定多少就是多少，这类产品极其适合投资偏保守的消费者。

提取灵活。因为目前大部分增额寿险对部分退保都没有任何条件约束，所以在提取现金价值这一部分可以做到非常灵活。想什么时候领就什么时候领，想不领就不领，完全可以做到随心所欲。

人寿保险属性。增额寿险在产品形态上毕竟属于人寿保险，那必然就有人寿保险一些独特的金融法律属性，比如债务问题，具体内容我们会在后面做详细介绍。

增额寿险并不是完美的，缺点主要有以下三个方面。

前期退保有损失。不同的增额寿险略微会有一些不同，但是大部分产品都是在保单的第5～7年才可以做到现金价值与已交保费持平，也就是我们说的回本问题。所以，如果在回本之前选择退保，退保的现金价值低于我们已经交纳的保费，就会有损失。这一点也是很多消费者对保险最大的误解，所以在购买之前一定要了解这个问题。

长期投资。增额寿险是长期投资产品，虽然交费年限可以自由选择，趸交、3年交、5年交、10年交、15年交、20年交，但是无论选择哪一种交费年限，在选择提取现金价值的时候，我不建议选择20年以内提取。因为这类产品倚仗的就是长期稳定的复利效应，如果只是短期持有，那么收益率其实并不如其他同类型的理财产品。所以我给读者朋友的建议是，如果不准备持有这类产品 20 年以上，那么就尽可能不要购买这类产品。

收益率一般。目前增额寿险第一梯队的产品收益率基本都是在 3.5% 左右，如果没有买到第一梯队的产品，可能也就只有 3% 左右的收益率，其实这个收益率相较于其他理财类产品来说，并不具有优势，所以对收益率比较敏感的消费者，一定要注意这一点。

通过以上阐述，相信读者已经对增额寿险有了全面的了解，下面我们来总结一下这一小节的主要知识点。

- 增额寿险其实就是一份保额可以递增的终身型人寿保险，因为保障杠杆偏低，所以保险成本在保费中的占比就很低，大部分保费都是投资本金。
- 增额寿险的收益率比较稳定，基本在 3.5% 左右，现金价值的提取也比较灵活，但是适合长期投资。
- 增额寿险前期退保损失极大，所以一定要清晰了解自己的财务规划后再做决定。

万能人寿保险｜最灵活的人寿保险产品

万能人寿保险，简称万能险，是终身型人寿保险的一种变形，是人寿保险中最难理解的一类保险，也是最为灵活的一类保险，如果把万能险的形态了解清楚了，那么也就代表着把所有的人寿保险都了解清楚了。

万能险的本质是终身型人寿保险，它依然离不开两个最重要的核心因素——保险成本和投资本金。之所以说它是所有人寿保险中最复杂的产品，就是因为它的保险成本和投资本金在保费中的占比是时刻变化的。万能险的保费也会分成两个部分，一部分用作保险成本，另一部分用作投资本金。保险成本覆盖的是身故赔偿金，而投资本金会进入一个万能账户里面，给我们带来投资收益。下面我们分别介绍这两个部分以及交费年限。

1. 万能险的保险成本

在阐述万能险的保险成本之前，我们必须先了解另外一个知识点，就是恒定保费与不恒定保费，简单理解就是保费是否会随着时间的变化而变化。比如重疾险就是最为常见的恒定保费产品，假设选择交费30年，那么30年内的保费是不会随着时间的变化而变化的。万能险的保险成本部分属于不恒定保费，保费随着时间的变化而变化。

为什么会变化呢？万能险本质是保障人身故的，随着年龄的增长，身故的概率会越来越高，那么保险公司承担的风险也会变得越来越高，而对应的保险成本就会越来越高，导致保费也会越来越多。说到这里，读者可能会疑惑，重疾险不也是这样吗？罹患重疾的概率也是随着年龄的增长而升高的，为什么重疾险的保费不会涨呢？原因就是重疾险采用的是恒定保费。

无论是恒定保费还是不恒定保费，两者只是不同的定价模型，本质其实没有什么区别。恒定保费就是把总保费平均到每一年而已，虽然看着每一年价格都一样，但是相对不恒定保费来说，一开始交的保费会更多。而不恒定保费就是不平均，每一年递增，属于一开始交得少，后来交得多。两者没有绝对的好和坏，只是为了适应消费者而灵活运用。

说完了恒定保费和不恒定保费的区别之后，我们就理解了万能险保险成本部分的保费增长问题，它的保费会随着我们年龄的增加而持续增加。

2. 万能险的交费年限

说完万能险的保险成本以后，我们再来说万能险和其他产品的另外一个区别，即交费年限。我们购买的大部分长期保险，交费年限都是一开始在购买时就固定好的，比如选择30年，就要交30年，这是不能更改的。但是万能险并不是这样，它没有明确的交费年限，原则上想交几年都行，交 1 年也可以，交 100 年也可以，完全是看个人。但无论交多少年，必须要确保万能账户里面的钱可以覆盖掉保险成本，如果不能覆盖掉，要么降低保额，要么保单就会自动终止。而要理解这个问题，就必须引入万能险中另一个重要的概念——投资本金。

3. 万能险的投资本金

万能险的一部分保费会用作保险成本，另外一部分保费会用作投资本金进入万能账户。这个万能账户和上文讲到的投连险的投资账户类似，但是也有不同，主要是在保底收益率方面。

万能险的万能账户是有保底收益率的，也就是无论保险公司赚钱与否，都会给我们承诺保底，最低收益率不会低于这个收益率，目前市场上大部分产品的收益率是在 2.5% 左右。同时，该万能账户没有收益上限，如果保险公司赚得多，账户收益就会更高。也是因为万能账户保底特点的存在，让投连险逐渐退出了历史的舞台。

上文提到万能险的交费年限是不固定的，想交多久就交多久，但是如果交的保费不够覆盖保险成本怎么办呢？这个时候保险公司就会用万能账户里面的钱去抵扣保险成本，当万能账户里面的钱都已经抵扣完的时候，保单就彻底终止了。

讲到这里，我们就可以把万能险的产品逻辑总结出来了，万能险其实就是一份终身型人寿保险，它的保险成本随着时间的推移而增长，也就意味着我们的保费会随着时间的推移而增长，如果我们想让这份保险持续生效，那么方式有两个：一是持续交纳保费，让我们交的钱足以覆盖保险成本的增长；二是让万能账户产生的收益可以覆盖保险成本，如图 2-3 所示。

```
        ┌──────────────┐
        │ 增长的保险成本 │
        └──────────────┘
               ▲
     ┌─────────┼─────────┐
交纳保费 ──→    万能账户    ←── 投资收益
     └───────────────────┘
```

图2-3　万能账户原理

　　了解过万能险或者已经买过万能险的读者会知道，一般万能险都让我们交 10 年，说交够 10 年就不用交了，其实这样的介绍是有误导性的，根据万能险的本质，如果交完 10 年以后，我们不去交纳保费了，以后所有的保险成本都是从万能账户中去自动抵扣的。我们应该计算的是万能账户产生的收益增长是否可以覆盖住保险成本的增长，这可能会出现以下两种结果。

　　第一，保底收益刚好覆盖保险成本。如果万能账户的保底收益刚好覆盖保险成本，那么这张保单就会持续保障下去，而且高于保底收益的部分可以直接变成我们自己的投资收益。

　　第二，保底收益不能覆盖保险成本。在万能账户的保底收益不能覆盖保险成本，我们又不交保费的情况下，保单的维持只能依靠万能账户总的投资收益，如果总的投资收益不理想，那么保单可能会在某一个年份终止；如果投资收益理想，那么不但可以覆盖保险成本，还可以产生一定的额外收益。

　　当然，在投资收益不理想的时候，如果想让保险持续保障，还有一个办法，就是降低保额，这样也可以使保险成本降低，保单就有可能持续保障下去。

　　通过上面复杂的阐述，相信读者对万能险已经有了清晰的了解，我之所以说它是最为灵活的人寿保险，就是因为它的交费年限、保障额度等方面都可以灵活变动。

到这里，我们把三个以死亡责任为保险标的的主要理财类保险都讲完了，我们再总结一下它们的区别。

- 保险成本方面。投连险和增额寿险采用的都是恒定保费模式，而万能险采用的是不恒定保费模式。
- 投资本金方面。投连险和万能险都是显性的投资账户，而增额寿险是隐性的投资账户。
- 提领方面。投连险和万能险都是在投资账户里面直接领取，而增额寿险采用的是部分退保的方式。
- 交费年限方面。投连险和增额寿险都采用固定交费年限，而万能险采用不固定交费年限。
- 收益方面。投连险采用下不保底，上不封顶模式；万能险采用下保底，上不封顶模式；而增额寿险采用固定收益模式。

生死两全保险｜既有生存责任又有死亡责任的保险产品

生死两全保险，从字面意思理解，就是既有生存责任又有死亡责任的人寿保险，它相当于把两个责任组合在一起。比如某款生死两全保险，每年交费 2000 元，交费 20 年，保障至 80 岁，如果在 80 岁之前身故，可以得到 10 万元保额的身故赔偿金，如果 80 岁后仍然生存，可以领取 4 万元的生存受益金。

通过这个案例，可以发现生死两全保险和上面讲到的三类保险不太一样的地方，就是在死亡责任的基础上多了生存责任。而生存责任里面有一个重要的概念，叫作生存受益金，这个生存受益金需要在某种条件下才可以领取到，比如上面讲到的 80 岁以后仍然生存。

生死两全保险依然离不开人寿保险中两个最重要的概念，即保险成本和投资本金。保险成本就不过多赘述，因为身故的赔偿，必然就会有保险成本。而这类保险的投资本金对应的就是生存受益金，这个生存受益金就是我们的理财收益，但是它和上面讲的三类保险理财收益的本质是完全不一样的。

投连险、万能险的投资收益来源于投资账户中的收益，增额寿险产生的收益来源于现金价值的增长，但是生死两全保险的收益来源于生存受益金，而生存受益金是必须满足某种条件才可以领取，不满足就不能领取，它在本质上和前面三类保险完全不一样。

通过对保险成本和投资本金的学习，我们可以把生死两全保险理解成定期寿险与简单养老保险的一种组合形式，如果先行触发死亡责任，那么生存责任就自动失效；如果没有触发死亡责任，那么生存责任就必然生效，最终我们就是在两个责任中取其一而已。

现在市场上单独售卖的生死两全保险越来越少，大部分都是绑定其他保障类保险，比如重疾险、意外险等。速成班要点7其实就重点讲述了这类保险，本小节其实是帮我们从本质上做进一步的学习。

我们重点介绍生死两全保险的主要目的，其实是为了给年金险做铺垫，因为年金险就是生死两全保险的一种变形。

年金险 | 市场占有率最高的理财类保险

很多人说到的理财类保险、商业养老保险、教育金保险等，其实大概率说的都是一种产品，就是本小节要讲述的年金险。在整个理财类保险中，市场占有率最高的一定是年金险，虽然最近几年增额寿险有不错的增长势头，但是和年金险比起来，依然是小巫见大巫。所以，下面我们就来详细介绍下理财类保险的"大哥级"产品——年金险。

上文说到，其实年金险就是生死两全保险的一个变形而已，因为它也是既有生存责任也有死亡责任的一类人寿保险，只是很多消费者都忽略了它的死亡责任，更多看到的都是它的生存责任。

年金险的保障期限一般是终身，不像生死两全保险一样是定期型，所以它的身故责任也是终身。它的保障期限和增额寿险一样，但是身故赔偿金却和增额寿险类产品不同。像只有身故责任的人寿保险，身故赔偿金一般都会比我们交的保费要多，也就是保险杠杆高。有了保险杠杆，那么必然就会有相对应的保险成本，保险成本的增加也会导致保费中投资本金占比的减少。

年金险虽然有身故保障，但并没有保险杠杆。一般的年金险身故赔付都是从已交保费和现金价值中取最大值进行赔付，所以年金险的保险成本基本为零，也就导致它的保费基本都是投资本金。

说完了身故责任，我们再来重点说一下生存责任，这一点也是年金险和生死两全保险最大的区别。生死两全保险的生存责任非常简单，一般就是一条：到达某某年龄时赔付生存受益金。而年金险却有多条生存责任，比如年满多少岁可以一次性领取多少钱，某个年度到某个年度之间，每一年可以领取多少钱，等等。不但领取的年限不一样，领取的金额和比例也都不一样，我帮各位读者整理出了三个维度。

维度一：时间。一款年金险中的生存受益金可以有多个时间领取条件，一般少则3～5条，多则可达10多条，所以在看年金险的领取时间时，一定要区分不同的时间条件。而且在时间这点，有时候会用保单年度来规定，有时候又会按照被保险人年龄来规定，一定要区分开。

维度二：基数。年金险的生存受益金领取基数主要有两种，第一种是保费，比如某某年可以领取年交保费的多少比例。第二种是基本保额，购买年金险时都有一个基本保额，而不同产品对于基本保额的计算各不相同，有的基本保额会比保费高，有的基本保额会比保费低，我们最需要注意的就是领取条件到底是基本保额还是保费。另外有一点要注意，这个基本保额和我们说的年金险的身故赔偿保额是两个概念，基本保额都会在保单上明确写出具体数值。

维度三：比例。不同生存受益金的领取比例也会不同，比如30%、50%等。

年金险在领取受益金方面经常会用多种组合模式，让消费者看得眼花缭乱，这也是导致部分纠纷的主要原因，所以我们在购买年金险的时候一定要注意具体的领取方式。下面举个例子，具体金额只是演示，不是真实情况。

被保险人：0岁宝宝，女，3年交费，每年交1万元，基本保额为3万元。

生存受益金领取如下：

生存金：保单第7～10个年度，每年领取年交保费的20%。

特别生存金：被保险人30岁时，可以一次性领取基本保额的50%。

祝寿金：被保险人60～65岁，每年可以领取年交保费的50%。

特别祝寿金：被保险人88岁时，可以一次性领取年交保费的200%。

以上阐述的是年金险的基础形态，市场上还有另外两种年金险的变形，分别是年金险＋万能账户、年金险＋分红。

年金险＋万能账户我们在速成班的要点8里面详细阐述过，其实它就是把年金险的生存受益金当成万能账户的投资本金，然后用万能账户进行二次增值。但是一定要记得，生存受益金和万能账户的价值只能取其一，这个问题在此就不再赘述了。

年金险＋分红是前些年比较流行的形态，近几年不太流行了，其实就是在年金险的基础形态上增加了额外的分红收益，但这个收益没有保底，也没有预期，完全是保险公司根据实际情况来分，也是因为不确定性，现在消费者对这类产品并不太感兴趣，所以它渐渐地淡出了市场。

年金险相比较于其他理财类保险，优点比较突出。

优点一：收益较高，是目前所有理财类保险中收益最高的产品。

优点二：收益固定，在高收益的同时，又有固定的收益。

优点三：产品选择多，基本上每一家公司都会有年金险这类产品，消费者在选择的时候可以多对比。

年金险相比较于其他理财类保险，也会有一些小缺点，比如灵活性。相比较于增额寿险，年金险的提取灵活性会弱很多，毕竟生存受益金的责任是在合同里面约定好的，必须按照合同的要求来，哪怕是日后的需求变化了，也不能做任何的更改。

针对理财类保险，到此我们已经全部讲解完成，在这里做一个系统性的总结。

- 理财类保险的本质是人寿保险，而人寿保险最重要的两个概念就是保险成本和投资本金。
- 理财类保险的保费由保险成本和投资本金构成，两者就像跷跷板的两端，一边高，另一边就会低。
- 目前市场上主流的理财类保险分别是年金险、年金险＋万能账户以及增额寿险。
- 不同理财类保险的主要区别在于收益的高低以及提领方式的不同。

组合类保险

组合类保险由不同的产品责任组合而成。不同责任的产品就像积木一样，被保险公司用不同的组合方式拼接在一起。所以，我们想要了解清楚组合类保险，就要从最原始的责任开始。

1. 两种赔付责任

市场上的保险分类方式五花八门，但是最为简单的分类方式就是按照赔付方式来分，我们最为常见的保险只有两种赔付方式，一种是按照约定的条件报销花费，另一种是按照约定的条件直接赔付保额。我们简单地称它们为报销型责任和给付型责任。

（1）报销型责任产品

报销型责任产品一般报销的都是医疗费用，比如我们常见的百万医疗险、小额医疗险、意外医疗险等。而这类保险都是不能重复报销的，比如买了两份医疗保险，花费都在保单赔付的范围内，其中一份医疗保险报销了一部分花费，另外一份医疗保险只能报销另一部分没有报销的花费，最终两者累加起来的报销花费不会超过我们的总花费。

（2）给付型责任产品

给付型责任产品种类就比较多，一般是约定达成某种条件，然后赔付对应的保额。比如我们最为常见的重疾险、定期寿险等。给付型保险可以累加赔付，比如同时购买了两份重疾险，如果都符合理赔的条件，两份保险就可以累加赔付。

2. 两种组合类型

了解完两种赔付责任以后，我们就会发现，所有的保险都是由一种或者多种责任组合而成，我们只需要一步一步地拆分解析就可以了。组合类保险一般有两种组合类型，一种是由多个责任组合成一款保险，另外一种是由多款保险组合成一款保险。下面我们分别来阐述。

（1）多个责任组合成一款保险：意外险

前面已经重点讲解过，意外险一般有两个常见的责任，一个是意外身故或者伤残的给付责任，另一个是意外医疗的报销责任。而意外身故或者伤残的责任继续拆分，就变成意外身故责任和意外伤残责任。通过简单的拆解方式，我们可以清晰地看懂意外险的保障内容。

（2）多款保险组合成一款保险：返还型重疾险

在速成班要点7我们重点讲解了返还型重疾险的产品形态，它其实本质是生死两全保险和重疾险的组合。而生死两全保险又可以拆解成生存责任和死亡责任。所以通过拆解，我们其实得到了三个给付责任，分别是被保险人身故责任、生存责任以及重疾责任。

在这种类型中，就会有主险和附加险的区分。一般情况下，一张保单只有一个主险，而可以有很多附加险，比如可以在上面的保险中附加医疗保险、意外险等。但无论是主险还是附加险，它们都有自己单独的保障时间和交费年限，主险和附加险有时候是一样的，但是大部分时候是不一样的，这一点千万不要弄混。

在学习了以上拆解方式以后，我们可以自己组合一个想要的保险产品。拿最为常见的投保人身故豁免责任来举例，有时一份保险产品是不可以附加投保人身故豁免责任的，但是我们又想购买这个责任怎么办呢？可以通过购买一份定期寿险达成和投保人身故豁免责任类似的效果。

比如我们给孩子购买一份增额寿险，选择的是10年交费，每年保费是10万元，但是我们既担心如果自己不幸身故了，那么这个保单就没有办法继续交了，又想帮孩子把这个保单留下，其实此时就需要投保人身故豁免责任。而这个责任保障的就是在10年交费期内，如果投保人身故，那么日后的保费就不用交了，保单还继续有效。

这个责任其实和我们买一份交10年，保障期限为10年，保额为100万元的定期寿险的效果是类似的。如果不幸身故，定期寿险就可以赔偿100万元，我们可以告诉家人，用这100万元去继续交纳增额寿险余下的保费。

讲这个例子，其实是想帮助各位读者朋友打开思路，无论是什么保险，其实都是由不同的单一责任组合而成，只是责任多少的问题。

最后，我总结了一段话，帮助读者更好地记住这一小节的内容：

只要想得全，任何险种都不难。

只有拆解完，产品形态才可现。

如果带返还，必有年金和两全。

包装再好看，我们只看框架线。

香港地区保险

香港的保险种类其实和内地是差不多的，内地有的保险种类香港都会有，香港有的保险种类内地也会有。只是两地的同一类产品中，产品会有一些差异。因为香港的金融监管和金融环境与内地不同，所以产品的精算模型就会有本质的差异，这是造成两地产品差异化的主要原因。

内地人去香港购买的保险主要有两类，分别是重疾险和储蓄分红保险。这个小节也会围绕这两类保险重点讲解。

1. 香港的重疾险

香港的重疾险在很多方面和内地的重疾险一样，比如都会有单次赔付和多次赔付，都会有轻症赔付，等等。两地重疾险最大的区别就在分红上。内地的重疾险哪怕是储蓄型保险，最后退保的现金价值最多只会和保费持平，而香港的重疾险退保的现金价值会非常高，甚至会远远高于我们交纳的所有保费。表 2-4 为香港某重疾险的现金价值表。

表2-4　香港某重疾险的现金价值表

年龄	保单年度终结	缴付保费总额（美元）	退保发还金额（美元）			严重疾病赔偿／身故赔偿额（美元）		
			保证金额（A）	非保证终期分红（B）	总额（A）+（B）	保证金额（C）	非保证终期分红（D）	总额（C）+（D）
76	46	45 057.6	45 725.76	136 864.8	182 590.56	72 000	148 010.4	220 010.4
77	47	45 057.6	47 499.84	146 088	193 587.84	72 000	156 880.8	228 880.8
78	48	45 057.6	49 289.76	156 240	205 529.76	72 000	166 600.8	238 600.8
79	49	45 057.6	51 092.64	167 500.8	218 593.44	72 000	177 343.2	249 343.2
80	50	45 057.6	52 901.28	183 211.2	236 112.48	72 000	192 607.2	264 607.2
81	51	45 057.6	54 717.12	197 215.2	251 932.32	72 000	205 819.2	277 819.2
82	52	45 057.6	56 534.4	212 940	269 474.4	72 000	220 572	292 572
83	53	45 057.6	58 356	230 688	289 044	72 000	237 067.2	309 067.2
84	54	45 057.6	60 179.04	249 307.2	309 486.24	72 000	254 080.8	326 080.8
85	55	45 057.6	64 287.36	305 409.6	369 696.96	72 000	308 462.4	380 462.4
86	56	45 057.6	64 745.28	330 487.2	395 232.48	72 000	330 487.2	402 487.2
87	57	45 057.6	65 178.72	358 812	423 990.72	72 000	358 812	430 812
88	58	45 057.6	65 586.24	389 851.2	455 437.44	72 000	389 851.2	461 851.2
89	59	45 057.6	65 967.84	423 986.4	489 954.24	72 000	423 986.4	495 986.4
90	60	45 057.6	66 326.4	461 664	527 990.4	72 000	461 664	533 664
91	61	45 057.6	66 666.24	503 445.6	570 111.84	72 000	503 445.6	575 445.6
92	62	45 057.6	67 000.32	550 267.2	617 267.52	72 000	550 267.2	622 267.2
93	63	45 057.6	67 334.4	602 539.2	669 873.6	72 000	602 539.2	674 539.2
94	64	45 057.6	67 680	661 168.8	728 848.8	72 000	661 168.8	733 168.8
95	65	45 057.6	68 050.08	727 236	795 286.08	72 000	727 236	799 236
96	66	45 057.6	68 466.24	774 504	842 970.24	72 000	774 504	846 504
97	67	45 057.6	68 977.44	824 846.4	893 823.84	72 000	824 846.4	896 846.4
98	68	45 057.6	69 648.48	878 464.8	948 113.28	72 000	878 464.8	950 464.8
99	69	45 057.6	70 588.8	935 568	1 006 156.8	72 000	935 568	1 007 568
100	70	45 057.6	72 000	996 379.2	1 068 379.2	72 000	996 379.2	1 068 379.2

从表 2-4 我们可以清晰地看到，在被保险人 100 岁的时候，如果退保的话，最多可以退回 106.8 万美元，而我们一共交纳的保费才 4.5 万美元，退保金额是我们已交保费的 23 倍之多。分红收益是香港重疾险最大的优势所在。

当然，这个分红并不是一定能达到的，退保金额会分成两个部分，一个部分是保证金额，另一个部分是非保证金额，从字面意思也非常容易理解，保证金额就是一定会退回来的钱，而非保证金额是不一定的，可能高于这个金额，也可能低于这个金额。这里可能有很多读者会疑惑，非保证金额占所有退保金额的 90% 以上，如果最后实际的金额远低于这个金额，所谓的分红其实也就是镜中花水中月了。

香港地区保险公司在设计这个非保证金额的时候并不是毫无依据的，而是根据自己公司整体的投资情况做综合的计算。香港地区保险公司每一年都会公布分红的达成率，如果这个达成率过低，也就意味着消费者很难相信保险公司的非保证金额。而从过往数据来看，香港地区保险公司每年的达成率都很乐观，有的时候甚至是超过 100% 的。当然，这个金额依然是预期，并不是保证，只是相对来说，香港地区保险公司分红的达成率高一些而已。

香港的重疾险除了这个方面，其他方面与内地的重疾险基本无异，价格方面我们在前文已经有过具体对比，我也一直在强调，每一个阵营的产品都有自己对应的消费人群。

2. 香港的储蓄分红保险

香港的储蓄分红保险的本质其实也是人寿保险，上文讲到的保险成本和投资本金这两个概念在香港保险中依然适用，香港的储蓄分红保险基本没有保险成本，它的保费基本都用作投资本金，所以它的本质也是理财类保险。

这种保险的形态和内地的增额寿险类似，都是靠现金价值的增长获得收益。不一样的地方是，内地的增额寿险现金价值是固定的，收益一般在

3.5% 左右。而香港的并不是这样，香港的储蓄分红保险收益依然是分成两个部分，分别是保证收益和非保证收益，这个就和我们上面讲述的香港重疾险的分红一样。

香港的储蓄分红保险的整体收益率在 6% 左右，其中保证部分在 2% 左右，非保证部分在 4% 左右。同样，香港的储蓄分红保险也没有在合同中标明具体的产品收益，而是需要根据现金价值表倒推演算。具体这个非保证部分是否能够达成，和上文说到的香港重疾险的分红原理一样。

在选择香港储蓄分红保险的时候，一定要知道它是由保证和非保证两个部分组成的。所以在选择两地产品的时候，不同需求点也就出现了：喜欢预期多一些的，那么自然是选香港的储蓄分红保险；喜欢固定多一些的，那么自然是选内地的增额寿险。

3. 香港地区保险的投保和理赔

如果要购买香港地区保险，必须本人亲自到香港本地投保，无论是投保人还是被保险人，只要是 18 周岁以上，都必须亲自过去，所以香港地区保险在购买的环节会相对复杂一些。另外，香港地区保险大部分以美元或者港币计价，我们购买香港地区保险之前必须要准备美元或者港币。

香港地区保险的理赔分两种情况，如果是疾病类的理赔，可以通过邮寄的方式完成，而如果是身故类的理赔，就必须到香港进行理赔。理赔的货币依然是美元或者港币。所以无论是投保还是理赔，它的复杂程度一定会比内地烦琐一些。

最后我们总结一下香港地区保险这部分的主要知识点。

- 香港的重疾险和内地的重疾险最大的区别是在分红层面上。
- 香港的储蓄分红保险的收益分为保证收益和非保证收益。
- 投保香港地区保险要去香港本地，保单多数以美元或者港币计价。

选择篇 Ⅰ

不同的产品到底应该怎么选

不同种类的产品应该如何选择

1. 百万医疗险和重疾险有什么区别，应该如何选择

百万医疗险和重疾险的区别主要有两个方面，分别是保障期限不同以及赔付方式不同。

（1）保障期限不同

百万医疗险属于短期保险，交一年保一年，虽然现在已经有保证续保20年的百万医疗险产品，但20年后，这份百万医疗险能不能继续投保是一个未知数。

重疾险属于长期保险，一旦确定好了保障的时间，就不用担心在保障

期限内不能续保的问题。所以，百万医疗险更加侧重短期保障，而重疾险更加侧重长期保障。

（2）赔付方式不同

百万医疗险的赔付方式属于报销型赔付，我们先行看病治疗，等治疗完毕出院后，才可以拿着发票进行报销，赔付的金额是我们花费的一定比例，最高赔付金额不会超过我们的治疗费用。

重疾险的赔付方式属于给付型赔付，如果发生的风险符合条款内的规定，保险公司就会直接按照合同约定好的保额进行赔付。有一些疾病比如恶性肿瘤，可能还没有治疗完毕，被保险人就已经可以申请理赔。并且重疾险是按照购买的基本保额一次性支付赔偿金，有的时候赔付的金额可能会超过治疗金额。在我的咨询案例中就有一位用户，第一年刚交了3000元的重疾险保费，在第二年的时候就不幸罹患了甲状腺癌，最终获得45万元的赔偿金，而他的治疗费用大概只有10万元。

百万医疗险和重疾险无论是在保障期限还是赔付方式上都不一样，但是两者属于互补型，如果罹患的疾病在两个保险的赔付范围以内，被保险人不但可以得到百万医疗险的报销款，还可以得到重疾险的理赔金。在预算允许的情况下，最好是两者都进行配置。在预算有限的情况下，应该先行配置百万医疗险，然后再配置重疾险。

2. 百万医疗险、防癌医疗险及惠民保险之间有什么区别，应该如何选择

百万医疗险、防癌医疗险以及惠民保险之间有相似的地方，也有不同的地方，图2-4为三者的关系。

图2-4　百万医疗险、惠民保险、防癌医疗险的保障范围关系

通过图 2-4 我们可以清晰地看到，在保障范围上，防癌医疗险以及惠民保险属于百万医疗险的子集，而防癌医疗险和惠民保险有保障相同的地方，也有保障不同的地方。

首先，在身体条件和预算都允许的情况下，一定是能购买百万医疗险则优先购买百万医疗险，因为它的保障是三者中最为全面的。

其次，如果因为预算和身体的情况不能购买百万医疗险，那么就在防癌医疗险和惠民保险之间做选择，也可以同时购买两者，虽然可能在报销的时候有一些重复的地方，但是保障会更全面一些。下面我们详细说一下它们对比的细节。

防癌医疗险会比惠民保险的保费更贵一些，但是它在癌症保障方面优于惠民保险，第一是防癌医疗险没有免赔额，只要是癌症相关的治疗，0元起步即可报销，而且是 100% 报销。第二是防癌医疗险目前有保证终身续保的产品，消费者可以把它当成长期保险来用，毕竟终身不用担心续保问题。

惠民保险的优势在于价格更加便宜，比防癌医疗险的保障范围更广一些，健康告知更为宽泛一些。首先，大部分的惠民保险价格一般是在 200 元左右一年，这个价格基本是每一个家庭都可以承担得起的。其次，惠民保险不单单可以报销癌症，还可以报销其他疾病。最后，惠民保险基本没有健康告知，大部分人群都可以投保，虽然防癌医疗险的健康告知也很宽泛，但是相比于惠民保险来说，还是更加严格一些。

以下关于三者如何选择的结论性建议，供各位读者参考。

如果预算和身体情况都允许，不用犹豫，单独配置百万医疗险即可。

如果预算有限，建议购买惠民保险。

如果身体情况不允许购买百万医疗险，但是预算足够的话，那么可以购买防癌医疗险和惠民保险的组合，如果连防癌医疗险的健康告知都不能通过，那么就只能单独购买惠民保险了。

3. 重疾险和给付型防癌险有什么区别，应该如何选择

重疾险和给付型防癌险的区别主要是保障范围，两者的关系如图 2-5 所示。

图2-5 重疾险与给付型防癌险的保障范围关系

在保障范围上，给付型防癌险完全属于重疾险的子集，也就是给付型防癌险有的保障，重疾险都会有，而给付型防癌险没有的保障，重疾险依然会有，两者的区别主要有如下三点。

保障范围。重疾险的保障范围很广，不单单有癌症方面的保障，像心脑血管、肾脏等主要身体器官的保障也会有。而给付型防癌险则只有癌症方面的保障。

健康告知方面。重疾险的健康告知比给付型防癌险的健康告知严格很多，主要原因是给付型防癌险只保障癌症方面的问题，所以对于一些其他疾病的异常是不用健康告知的，比如三高问题等。

价格方面。毕竟保障范围有限，给付型防癌险会比重疾险的价格便宜一些，一般情况下是便宜 30% 左右。

在重疾险和给付型防癌险中做出选择也非常简单：在身体和预算都允许的情况下，一定是以配置重疾险为主；如果因为身体情况买不了重疾险，可以购买给付型防癌险。但是对于 55 岁以上的人群，无论是重疾险还是给付型防癌险，都不推荐购买，主要是杠杆比例太低。

4. 意外险和定期寿险有什么区别，应该如何选择

意外险和定期寿险都有身故及全残的赔付，但是两者在很多方面都有着明显的不同，两者的关系如图 2-6 所示。

图2-6   意外险与定期寿险的保障范围关系

两者的保障范围有交叉的地方，但是区别也非常大，我们先来说一下两者相同的地方。

在意外身故及全残责任方面，无论是意外险还是定期寿险都有这项保障责任，在两种保险都买了的情况下，保额可以累加赔付。举个例子，意外险买了 100 万元保额，定期寿险买了 100 万元保额，那么在发生意外身故或者是全残的情况下，可以累加得到 200 万元的赔偿金。

除了这一点以外，两者的区别有很多，主要是以下几个方面。

身故赔偿的范围不同。意外险只能赔付因为意外导致的身故，而定期寿险赔付的范围更广一些，除了因为意外导致的身故，像疾病导致的身故一样可以赔付。在这里普及一个小知识，在医学上，身故原因只有意外和

疾病，平常说的自然死亡一般都是疾病身故。

伤残等级赔付不同。意外险可以按照一定比例赔付因为意外导致的伤残。定期寿险则不行，虽然不限制原因，但是只能赔付全残。

医疗费用报销不同。意外险和定期寿险最大的区别是在意外医疗费用报销方面，这个也是意外险最大的优势之一，定期寿险责任相对简单，并没有医疗费用报销。

价格和保障时间不同。意外险的价格会比定期寿险便宜很多，而保障时间上，意外险属于短期保险，定期寿险属于长期保险。

健康告知不同。意外险的健康告知非常宽松，基本不是罹患过重大疾病的人都可以投保，但是定期寿险则不行，虽然没有像重疾险要求那么严格，但是有像高血压等常见慢性病问题也不能投保定期寿险。

综上所述，在预算条件和身体情况允许的情况下，尽可能两者都进行配置，因为两者的保障方面有很多不同。但如果预算有限，可以优先配置意外险。

重疾险应该如何选择

1. 如何选择适合自己的重疾险

前面已经说过很多次重疾险的知识，所以重复的内容这里不再赘述，这个小节主要是系统性地阐述选择一份重疾险的正确流程。

第一步：衡量自己的身体情况。选择重疾险之前不是要先挑选具体的产品，而是要先衡量自己的身体情况是否可以购买重疾险，这个步骤最重要的作用是可以大大提高我们选择重疾险的效率。因为如果我们在选择重疾险的时候先挑选产品而后考虑身体情况的话，哪怕是最后找到了一个满意的产品，也可能会发现身体情况不符合健康告知，相当于做了无用功。

在购买之前应该衡量自己的哪些身体情况？下面这个初步的健康告知清单供大家参考。

两年内是否有体检，如果有体检，需要看体检报告是否有异常项，根据异常项的情况去挑选产品。如果两年内没有体检或者是体检没有异常项，就相当于顺利通过了这项健康告知。

五年内是否做过彩超，主要关注甲状腺、乳腺这两个部位，如果有结节、囊肿等情况，需要根据具体情况寻找产品。另外还要重点关注肺部的CT，看是否有结节存在。以上这两种情况无论是在门诊、住院还是体检机构中发现的都算。

是否有重大病史，所谓重大病史主要是指住院 15 天以上或者长期治疗的疾病。

精神类异常，包括但不限于焦虑、抑郁等。

医保卡是否有外借情况，包括给家人买药的情况。

如果以上问题都不存在，那么就可以安心地挑选产品，基本所有的重疾险都可以正常选择。但是根据我多年的咨询经验，这五个问题的通过率不超过 50%，基本有一半的消费者占了其中的一条或者是几条。如果占了其中的一条或者几条，也不用担心，通不过不代表就不能购买，只是选择产品的范围会受限而已。

第二步：确定自己要购买的保险产品阵营。目前消费者可以接触到的重疾险产品阵营有四个，分别是传统的大型保险公司、线下保险经纪公司、线上保险经纪公司以及香港地区保险公司。四个阵营的产品都各有优劣势，没有绝对的好和不好，只有适合和不适合。我们需要做的是充分了解四个阵营产品的优缺点，然后选择适合自己的产品阵营。四个阵营的具体优劣势这里不做赘述，读者可以参考速成班要点 2 里面的内容。

切记，不要拿不同阵营的产品去对比细节，因为对比没有意义。比如用线上保险经纪公司的产品和线下保险经纪公司的产品对比，其实两者在设计上就是不同的维度，后者侧重品牌，前者侧重性价比，适合的用户群体不一样。如果一直这么对比，会陷入无限的纠结循环里。

第三步：根据预算确定重疾险种类。 重疾险主要分成单次赔付、多次分组赔付、多次不分组赔付，要根据手里的预算来决定选择哪种产品。原则就是尽可能以保额为优先。

第四步：在同一阵营中对比产品细节。 比如价格、赔付情况、条款情况、自己偏好的公司等。建议这一步先以自己最为看重的因素为主，其他因素为辅，因为同一阵营的产品差异化并不大，如果一会儿觉得 A 好，一会儿觉得 B 好，也会陷入无尽的纠结中。举个例子，如果特别看重价格，在同样保障的情况下，就去选择价格最便宜的，其他的因素都要当成次要因素。

以上就是选择一份重疾险的四个步骤，之所以罗列出这个步骤，就是因为现在产品的同质化极其严重，甚至可以夸张地说，同一个阵营的产品基本都快成一个模子里制作出来的，所以一定要明确自己的主要需求。

2. 重疾险的不同形态应该如何选

重疾险的形态多种多样，有多次的，有单次的，有返还的，有消费的，有定期的，有终身的。那么在这么多形态中，应该怎么去选择呢？下面我们详细来拆解一下。

（1）多次、单次重疾险怎么选

在多次和单次的选择中，一定要以保额为优先。如果基本保额没有买到 50 万元以上，那么不建议直接购买多次赔付重疾险，除非是多次赔付的价格和单次赔付一样，这种概率虽然有，但是并不多。具体原因前面也讲过，如果第一次赔付的保额都极低，那么为了可能的第二次或者第三次的赔付金额，是得不偿失的。

（2）附加险要不要选

重疾险的附加险是很多消费者最为纠结的，每一项看着都挺好，就是不知道要不要加。这个要分情况来看，我们先来说癌症的二次赔付以及心脑血管疾病的二次赔付。如果基本保额没有超过30万元，我是不建议添加这两项责任的。如果已经超过了30万元，剩下的要不要加，就没有绝对的正确，完全是看个人喜好。

再说额外多比例赔付，比如60岁之前额外赔付50%等类似的保障责任。对此我并没有明确的建议，因为这项责任要考虑的因素比较多，比如预算情况、保障期限、年龄等问题，我没有办法给出一个统一的回答。但是有一种情况除外，比如基本保额已经买到50万元以上，并且预算充足，那么可以附加。

最后说一下关于投保人豁免的责任，如果符合投保人豁免的要求，我建议增加这项责任，毕竟以后这项责任可能会越来越难买。

（3）储蓄型、消费型以及返还型保险应该怎么选

首先，返还型不建议选，如果特别想买可以返还保费的重疾险，可以购买储蓄型。因为从保障和收益两方面对比，储蓄型都优于返还型。

其次，储蓄型和消费型保险的差异，其本质是保障终身的身故责任以及现金价值的差异。而现金价值的差异问题基本可以用量化分析的方式去拆解。

以35岁男性，30年交费，50万元保额的同一款重疾险来举例，储蓄型保险每年的保费为9980元，消费型保险每年的保费为6350元，两者的保费相差3630元。其实原理就是我们用这3630元换取了高现金价值以及保障终身的身故责任。

我们先抛开身故责任不算，就单单算这 3630 元换取的现金价值到底相差了多少（见表 2-5）。

表2-5 储蓄型保险和消费型保险现金价值对比

保单年度	储蓄型保险		消费型保险	
	已交保费（元）	现金价值（元）	已交保费（元）	现金价值（元）
第5个保单年度	49 900	14 635	31 750	9 435
第10个保单年度	99 800	48 600	63 500	31 155
第15个保单年度	149 700	92 360	95 250	58 315
第20个保单年度	199 600	147 270	127 000	90 805
第25个保单年度	249 500	205 465	158 750	122 775
第30个保单年度	299 400	275 345	190 500	160 455
第35个保单年度	299 400	312 650	190 500	173 185
第40个保单年度	299 400	348 480	190 500	181 795
第45个保单年度	299 400	380 725	190 500	184 640
第50个保单年度	299 400	408 480	190 500	181 555
第55个保单年度	299 400	431 960	190 500	173 745
第60个保单年度	299 400	451 440	190 500	162 515
第65个保单年度	299 400	467 410	190 500	148 140
第70个保单年度	299 400	492 320	190 500	81 960

我们可以清晰地看到，不同年份两者的现金价值相差很多。假设两份保险都在第 65 个保单年度（也就是被保险人 100 岁的时候）退保，那么储蓄型保险可以得到 467 410 元，而消费型保险可以得到 148 140 元，两者相差 319 270 元。

对比的思路也就清晰了，我们需要看如果将每年节省下来的 3630 元用作定投，需要达到多少年化收益率才可以与 319 270 元持平。按照这个思路，我们可以分别计算出第 30 个保单年度以及第 65 个年度投资获得的收益率数值。因为需要用到定投复利计算器，所以计算过程在此不做演示，我们直接来看计算结果（见表 2-6）。

表2-6　两类重疾险价差与个人投资收益率

退保保单年度	两类重疾险价差（元）	个人投资收益率
第30个保单年度	114 890	0.34%
第35个保单年度	139 465	1.18%
第40个保单年度	166 685	1.65%
第45个保单年度	196 085	1.91%
第50个保单年度	226 925	2.04%
第55个保单年度	258 215	2.12%
第60个保单年度	288 925	2.13%
第65个保单年度	319 270	2.12%

在第 30 个保单年度末退保时，两者现金价值相差 114 890 元，那么个人投资年化收益率达到 0.34% 左右，即可以达到 114 890 元。

在第 65 个保单年度末退保时，两者现金价值相差 319 270 元，那么个人投资年化收益率达到 2.12% 左右，即可以达到 319 270 元。

通过计算现金价值差价，我们可以大致得到一个结论：如果我们在第 30 个保单年度末至第 65 个保单年度末之间退保，储蓄型保险和消费型保险相差的那部分保费，保险公司给我们带来的投资收益率在 0.34%~2.12%。当然，这个数值是没有把身故责任计算在内的。

身故责任的分析很难有具体的办法做到量化，主要是从规划的角度，看个人是否需要一份终身寿险。所以，根据以上分析结果，储蓄型保险和消费型保险到底怎么选的问题基本有了答案。

如果根本就不想购买身故责任，那么就只能选择消费型重疾险，因为只有消费型重疾险不强行绑定身故责任。

如果不想购买身故责任，但是又想返还保费，那么其实衡量的是我们自己的投资能力。

如果想购买身故责任，但是又不想让保险公司返还保费，那么其实可以用消费型保险和定期寿险的组合来配置，这样的组合方式一定会比购买储蓄型保险价格更便宜，但是要求自己的投资能力不能太差，基本不能低于 2% 左右。

至此，通过量化的分析，我们基本得出了储蓄型、返还型、消费型重疾险的选择逻辑，其中一个核心的思考点其实就是个人投资能力。而这个思维方式也是贯穿本书的核心思维之一，即在购买保险的时候，一定要跳出保险规划思维，从家庭财务规划的角度思考。

3. 已经买了重疾险，到底是退、是换还是继续交

在众多的保险咨询问题里面，大家咨询最多的就是关于重疾险是退、是换还是继续交的问题。很多消费者已经买过重疾险，现在每一年都要继续交费，有的甚至还要交十几年，但是觉得每年交的保费并不便宜，不知道到底有没有继续交下去的必要。还有一部分消费者会觉得自己买的重疾险比较贵，好像保障并不好，那么要不要换一份新的重疾险。针对以上问题，这个小节会进行系统的阐述。

思考问题一：自己是否需要配置重疾险？

当我们在思考自己的重疾险是否有必要继续交的时候，其实内心对于自己是否需要配置重疾险这个问题是不清晰的。所以要搞懂重疾险是退、是换还是继续交的问题，首先要思考的应该是自己是否需要配置重疾险。

要弄懂这个问题，就需要从问题的本质开始思考。前面讲过，是否需要购买保险主要是看这份保险是不是解决自身问题的最好工具。所以我们应该从以下两个角度去思考。

首先是理性方面。家庭的保费支出应该不超过家庭年收入的 7%，最高也不要超过 10%。如果超过的话，从家庭整体财务规划的角度讲，规划就是不合理的。

其次是感性方面。不去解决问题本身就是解决问题的一种方式。人生会有多种多样的风险，并不是所有的风险都要通过保险去解决。是否购买重疾险，也要看一旦发生了风险我们是否愿意自己承担这样的结果。所以感性方面并没有办法去量化，要看个人的风险承受意愿。

最后如果自己得出结论，选择退保，那么就要坚决地执行下去。如果自己得出的结论不是退保，而是保留重疾险，那么就可以继续思考下面的内容。

思考问题二：是继续交纳原重疾险还是换一份新重疾险？

这个问题其实可以直接参考选择一份适合自己的重疾险的逻辑。首先是确定阵营，重疾险的四个阵营各有优劣势，我们换其他重疾险的时候，一般更换的是阵营。如果是在同一个阵营里面更换产品，其实没有太大的意义。因为同一个阵营的产品差异化较小，再算退保的损失，往往属于得不偿失。那么换阵营之前，一定要充分了解新阵营的优点和缺点，千万不能只看优点。很多消费者在换阵营的时候，都是被新阵营的产品优点所吸引，但是不太了解缺点。等到真的换完，才发现这个阵营的缺点是自己不能接受的，那么损失会更大。

想换新的产品，其次要衡量自己的身体情况。重新购买重疾险要做健康告知，如果已经退掉了原来的重疾险，因为身体情况不符合新的重疾险又买不了，那么相当于原来的保障也没有了，这样属于赔了夫人又折兵。

所以，在新重疾险可以正常承保的情况下，才建议更换重疾险。

最后，在更换新的重疾险时，还有一个量化的数值不能忽略：保费。这里有一个公式：原重疾险剩余需要交纳的总保费－新重疾险需要交纳的总保费＋原重疾险退保现金价值＞0，建议退保；反之，需要重新考虑细节。

我们举一个例子，方便读者朋友理解。假设原来的重疾险每年需交纳2万元保费，还需要交纳18年，新的重疾险每年需要交纳8000元保费，需要交纳30年，原来的重疾险退保之后的现金价值为6000元。

计算公式：

$$（20\,000×18）-（8000×30）+6000=126\,000（元）$$

因此，建议换新的产品。

这个公式不难理解，我们购买一份新重疾险的保费比原来的重疾险剩余要交纳的保费还要少，而且保障更好的情况下，那么当然可以换新的。

有时候可能会出现这个数值在0附近的情况，也就是新买一份重疾险的保费和旧的重疾险剩余要交的保费差不多，那么这个时候就需要仔细对比一下两者在保障方面的不同，以及这两个产品中哪一个更加符合我们的需求，慎重对比后再做最终的决定。

另外，在退保的环节中，还有三种问题是消费者最为纠结的。

第一种，退保损失太大。在前几年退保，损失都非常大，有时候可能会损失90%以上，有些消费者觉得亏损太多，要不再交几年，等退保现金价值涨上来的时候再退，这样就不亏钱了。其实这个想法是错误的，因为有两个因素被忽略了，其一就是我们每年还要继续交钱，如果配置已经不合理了，那么这样相当于继续错下去。其二就是通货膨胀，看似到时候可能会损失少一些，但是那个时候的钱和现在已经不一样了。如果已经按照上面的分析得到了结果，我建议坚定地执行下去。

第二种，减额交清。很多人会在代理人的建议下选择减额交清，其实这个相当于用退保的现金价值，又重新买了一遍这个重疾险。所以如果决定退保，那么就要坚决地退。

第三种，退保附加险。一般情况下，我们购买的重疾险都是作为主险，然后还会附加一些其他保险。不同产品不太一样，附加的险种也不太一样。但是这个依然可以按照我们说的配置原则来衡量，每一个附加险其实都是一个独立的险种，我们首先看看有没有附加百万医疗险、附加意外险。如果这两类都没有附加，而是附加的其他保险，那么可以先行退掉。如果附加的就是这两类保险，那么按照挑选这两类保险的原理，看看是否适合我们，如果适合，就可以继续留存，如果不适合，就坚决退掉。在退保附加险时有一个原则，即可以单独退附加险。但是如果想退保主险，单独留附加险，一般情况下是不行的。

虽然这个小节讲了很多消费者纠结的点，但是在实际生活中，一定还有部分问题在此没有涉及。所以希望读者根据本书的内容，综合衡量自己的情况再做最终决定。

定期寿险及理财类保险应该如何选择

1. 定期寿险应该如何选择

定期寿险算是所有保险中最容易选择的一类保险，主要原因有两点：第一是定期寿险的责任比较简单，不需要对比太多的维度；第二是定期寿险差异化比较小，所以产品都是大同小异。不过，在选择定期寿险的时候，依然有很多注意事项，下面我们详细来阐述一下。

价格。因为定期寿险只保障身故及全残，责任比较明确，所以价格是我们筛选的首要因素，大部分产品的价格相差不会太大，但是也有一些产品会冒充高价，这里有一个定期寿险的价格合理区间可供参考：一般 30 岁的男性，保障到 60 岁，交费到 60 岁，100 万元的定期寿险保额，一年的保费大约 1300 元，可以按照这个价格衡量一下自己是否买贵了。

免责条款。不同产品的免责条款不太一样，有的会限制多一些，有的会限制少一些，我们在挑选定期寿险的时候尽可能选择免责条款少一些的产品，一般最少的话是在 3 条左右。

健康告知。因为定期寿险也有健康告知要求，不同的产品差异化还挺大，如果身体有某一些异常，一定要多挑选下，比如肺结节这种情况，有的产品可以投保，有的就不行。

最高保额限制。一般情况下，单款定期寿险的保额是 350 万元左右，但是也有一些产品限制比较严格，比如最高只有 100 万元，所以对于一些想购买高保额的消费者来说，可以额外关注这点。

其他附加条款。其他附加条款选择比较多，比如猝死的额外保障、0 等待期、某一种交通事故额外赔付，等等，不同产品的侧重点不一样，所以挑选自己最为看重的点就可以了。

品牌。目前来说，市场上售卖定期寿险的公司品牌都不是一线品牌，所以在品牌选择上，只能是按照个人喜好来选择。

定期寿险的内容比较简单，所以各位读者在选择的时候不用太纠结，只要价格不太贵，基本不会踩坑。

2. 增额寿险应该如何选择

增额寿险是近几年在市场上非常火爆的一类理财类保险，很多公司都会出一款增额寿险来抢占市场。但是因为监管的限制，每一款增额寿险的利率基本都差不多，不会存在非常大的差异，所以我们在选择的时候，更多看的是一些附加责任。

在利率这一块，有很多消费者会被营销话术蒙蔽，某些增额寿险称自己每年按照 3.8% 递增，让很多消费者误以为收益率是 3.8%，实际这个 3.8% 指的是保额按照 3.8% 每年递增，保额和收益是两个概念。目前第一梯队的增额寿险收益率最高也就在 3.5%。切勿被这些营销话术所误导。

那么在选择增额寿险时主要应该注意哪些点呢？

确定交费年限。不同产品对于不同的交费年限收益率是不一样的，虽然可能只差 0.1%，但是长期复利下去是非常惊人的数字，有的产品在趸交的时候收益率是最高的，有的产品在 3 年交的时候收益率是最高的，所以先确定自己的交费年限，然后看哪一款产品在这个年限收益率最高。

减保是否灵活。购买这类保险，就是为了日后作为教育金或者养老金，也就是要求必须能领取，这个时候就要看减保的一些具体要求，有的产品对于减保是没有任何限制的，任何金额、任何时间都可以减保。但是有的产品对于这块就有限制，比如金额不能少于多少等，所以在选择时，减保要求越灵活越好。

加保条件是否更具体。目前没有任何一款产品是确定可以把加保的条款写在合同里面的，大部分都是官方承诺。如果加保条件有更具体的文字体现，一定会更好一些。另外在加保条件这方面，如果可以无时间限制以及无任何条件加保，那一定是最好的情况。

品牌的选择。其实综合对比下来，现在增额寿险的差异化越来越小，所以在选择的时候，大部分用户都会选择自己比较熟悉的品牌。

3. 年金险应该如何选择

年金险是目前理财类保险中最难选择的一类保险，主要原因就是它的种类更多，以及不同种类之间的差异非常大，所以我们在选择年金险的时候，一定要有一个框架性的思维方式。

目前市场上的年金险主要有两类，一类是纯年金险，此处说的纯年金险是完全不能附加万能账户型，如果一份年金险既可以附加万能账户，又可以不附加万能账户，就属于年金险＋万能账户型。虽然两者在形态上只差了一个万能账户，而且有的年金险＋万能账户型中的万能账户可加可不加，但是在产品的利率设定上，两者有明显的差异。下面详细阐述一下这两类产品的区别。

年金预定利率设定不同。纯年金险因为不附加万能账户，所以它的预定利率设定就会高一些，简单理解就是日后生存受益金就会多一些。而年金险＋万能账户型额外多了万能账户，万能账户的最低保底收益率现在都是在 2.5% 左右，所以就导致这个形态下的年金险收益部分预定利率会低，日后的生存受益金也就会相应减少。

公司品牌不同。一般情况下，发行纯年金险的中小型公司居多，而发行年金险＋万能账户型的大型公司居多，当然这个也不是绝对，只是大部分情况下是这样。所以假如想选择一份纯年金险的产品，基本都只能在中小型公司中选择。而想选择年金险＋万能账户型的，虽然某一些中小型公司也会有，但是相对来说，大公司会更多一些。

综合收益率侧重点不同。前面讲过，在各自类型的第一梯队产品中，纯年金险的固定收益率一定高于年金险＋万能账户型。但是，如果要选整体的综合收益率，就会发现两者的侧重点不同。

纯年金险侧重的是固定收益，也就是保证收益，这个收益是写在合同里的。而年金险＋万能账户型侧重的是预期收益，虽然它的固定收益并不高，但是预期收益不固定，如果投资情况比较好，收益就会比较高一些，如果投资情况不好，收益就会低一些。而影响实际收益的主要因素就是万能账户收益，公开资料显示，最近几年大部分保险公司的万能账户收益率在 4% 左右，有的甚至更高。

在年金险种类的选择上，我们基本可以得出如下结论。

- 如果看重固定收益，那么纯年金险更好一些。
- 如果看重浮动高收益，那么年金险＋万能账户会更灵活一些。

4. 万能账户应该怎么选

前面已经系统阐述过万能账户的本质，其实它就是保险公司发行的一种基金。下有保底，上有预期，所以在选择万能账户的时候，主要思考的维度有以下几个。

保底收益。目前市场上主流产品的万能账户保底收益率都是在 2.5% 左右，但是也有 3% 的产品。所以在选择万能账户的时候，一定尽可能选择保底收益率更高一些的。不过有一点需要消费者注意：万能账户一般都附加在年金险上，如果年金险固定收益低，万能账户保底高，那么其实和一些年金险固定收益高、万能账户保底低的产品没有什么区别，所以要用整体思维看。在年金险收益相同的情况下，那么一定是选择万能账户收益高的产品。

预期收益。很多消费者在选择万能账户产品时，都是看重了预期收益率，尤其是在保险公司展示了历史收益率以后。历史收益率可以作为参考，但是切勿当成标准去参考。去年的收益率高，并不代表今年的收益率也高，所以要尽可能选择历史收益率比较稳定的产品。比如产品 A，2021 年收益率为 5.6%，2020 年收益率为 3.5%，而产品 B，2021 年收益率为 4.5%，2020 年收益率为 4.5%，我们在选择的时候，尽可能选择 B 类产品。当然，这也并没有一个标准的答案，因为预期收益率本身就是预期行为。

管理费用。万能账户一般情况下都有管理费用，这个就和基金的管理费用一样。不过保险公司为了吸引消费者，一般在五年后都会把管理费用返还给消费者，所以我们在选择万能账户的时候，要注意这个管理费用能不能返还。

追加以及提取是否灵活。万能账户是可以随时追加保费以及随时从里面提取金额的，如果有追加的意愿，在选择万能账户产品的时候一定要看追加的条件是否宽松。另外就是万能账户的提领问题，有的产品会限制时间以及比例等，没有任何限制的一定是更好的。

如果准备购买带有万能账户的产品，以上这些因素一定不能忽略。

5. 已经买了理财类保险，退掉好还是继续交

大部分保险消费者可能都买过理财类的保险，但是在购买的时候，能把理财类保险真正理解明白的人是少之又少。很多人在每年续交保费的时候都会思考一些问题：

我交的这个保险到时候真的可以拿回来钱吗？

如果可以的话，到底可以拿多少钱呢？

我如果现在想用钱，可以在账户里面取出来多少钱呢？

这些本该是我们在购买时就弄懂的问题，但是已经买了很多年，现在依然不懂，所以就会考虑这个保险到底是继续交还是退。如果读者也有这样的疑惑，那么可以按照下面的思考步骤来决定。

第一步思考：购买此类保险做的是不是长期规划。购买理财类保险的目的一定是做一些长期的资金规划，这个长期建议不低于 20 年，也就是 20 年内，我们不会动用这个保险里的钱，也只有这么长的时间规划，这类产品的真正价值才能体现出来。所以，如果不满足这个情况，那么不太建议购买此类保险。

第二步思考：明确自己购买的产品类型。第 2 课理财类保险的部分已经重点阐述了每一种理财类保险的形态和特征，所以读者可以对照学习的

内容，来评测自己购买的产品类型是不是自己理想中的产品类型。如果不是，那么就不建议购买此类保险。比如，我们核对之后发现自己购买的是年金险＋万能账户型，而自己其实只是想买增额寿险，那么就建议退掉。

第三步思考：确定自己产品的真实收益率。所谓真实收益率，是产品合同上的收益率，而不是保险代理人介绍的或者是保险公司宣传的收益率，有时候真实收益率和宣传收益率之间的差别非常大。在我多年咨询的案例中，就有众多消费者以为自己的产品收益率是 5% 以上，但是产品的实际收益率只有 2% 左右，相差一倍还多。

不过这涉及一个比较难解决的问题，就是如何确定产品的真实收益率。这里提供两个方法供各位读者朋友参考。

方法一：粗略评估法。我们知道自己购买的产品类型后，可能并不会计算产品的收益率，但是可以假设自己购买的产品就是此类产品中收益率最高的，那么就可以衡量下自己认为的产品真实收益率和这种产品类型最高的收益率谁高谁低，如果自己认为的真实收益率比此类产品中最高收益率都要高，那么说明自己买得并不合理。举个例子，在增额寿险中，产品的最高收益率也就是在 3.5% 左右，但是你以为自己购买的增额寿险产品收益率为 4%，那么说明可能有问题。不过此类方法应用有限，只适合粗略评估。

方法二：搜索。现在的网络极其发达，基本上我们想要查询的内容都可以查询到，而且现在有专门的自媒体评测某类产品，在各类自媒体平台上输入自己产品的全名，一般都会有对应的评测，这里我比较推荐微信搜索和知乎搜索。虽然此类方法比较简单，但是也有不足的地方，就是现在自媒体鱼龙混杂，我们很难区分哪一个是真的专业，哪一个是假的专业。所以这里就要多交叉验证对比，比如在微信上搜索到某自媒体号对这款产品的解读之后，可以再看下其他自媒体号对这款产品的解读，找到它们相同的地方以及不同的地方，再结合自己的学习经验，做出综合的判断。

综上所述，我们在购买完一份理财类保险之后，其实完全可以利用学习到的知识，评估自己购买的产品是否真正地适合自己。

到这里，第3课选择篇的内容就结束了。在选择产品的时候，我们或多或少都会有纠结的地方，这个在所难免，不过一定要记住以下几个核心的原则。

- 多了解。如果不是特别着急购买，多看看绝对是没错的。
- 慢下手。不要太过轻信停售一说，了解清楚了再购买。
- 没有最好，只有最适合。无论哪个产品，都不是绝对完美的，找到适合自己的就是最好的。

第 4 课 ▶ LESSON 4

规划篇 I

各个年龄段人群的
保险方案如何规划

　　家庭保险规划，其本质就是把我们可以购买到的保险产品与我们个人情况做一个匹配。每个家庭的财务情况不同、风险偏好不同以及每个家庭成员的身体情况不同，最后匹配出的规划方案也就会不同。所以本课时的内容不可能给到适合每个家庭的具体保险方案，只是希望通过本课时的学习，结合自己个人的情况，你可以规划出适合自己的方案。

　　本课时的主要内容有两个方面。第一个方面，我们会讲到家庭保险规划的核心逻辑思维，掌握了基本逻辑以后，你可以按照这个逻辑去规划自己家庭的方案。第二个方面，我们也会讲到大部分家庭保险方案的基本模型，虽然每个家庭不一样，但产品种类并不多，所以最终每个家庭选择的大致方向是一样的，只是在细节上会有差别。

家庭保险规划中最重要的核心逻辑

无论任何家庭，在保险规划之前必须掌握四个核心逻辑，这四个核心逻辑是家庭保险规划的灵魂，下面我们分别来详细介绍一下。

核心逻辑一：国家基本医疗保险优先

我们在购买任何商业保险之前，都应该先购买国家基本医疗保险，没有任何一份商业保险的性价比可以超越国家基本医疗保险，下面重点阐述国家基本医疗保险的主要知识点。

（1）国家基本医疗保险的分类

按照购买方式的不同，现在老百姓可以购买到的国家基本医疗保险主要有四种，分别是新型农村合作医疗保险（以下简称新农合）、城镇居民基本医疗保险、以灵活就业身份购买的医疗保险以及城镇职工基本医疗保险。其中新农合和城镇居民基本医疗保险在部分地区已经合并为城乡居民基本医疗保险，简单理解就是把曾经的新农合纳入城镇居民基本医疗保险体系中，二者享受同样的待遇。因为还有部分地区没有合并，我们按照没有合并的情况展开讲解。

新农合是专门针对农村户口的一种国家基本医疗保险。相较于其他三种，主要有两个方面不同，第一个是价格方面会便宜很多，第二个是保障方面的报销比例略低。

城镇居民基本医疗保险是针对城镇户口的一种国家基本医疗保险，相较于新农合，主要区别是价格上会更贵一些，但是保障方面的报销比例也会略高一些。以上两种保险，都属于交一年保一年的基本医疗保险。

购买以灵活就业身份购买的医疗保险需要符合一定的条件，不同地区会有一些差异，但是大部分地区都要求是本地户口、没有达到退休年龄以及没有参加城镇职工医保。这类保险最大的好处就是享受到的待遇和城镇职工医保一样，不但报销比例更高，而且缴费期满以后，达到退休年龄就可以终身享受，但是缺点也是比较明显的，就是价格相比于前两者要高很多。

城镇职工基本医疗保险是针对企业职工的一类医疗保险，无论是保障方面，还是价格方面，都算四类中性价比最高的。

关于国家基本医疗保险的选择问题，我给出如下建议。

国家基本医疗保险买一份即可。有很多消费者在外地工作，公司已经缴纳了城镇职工基本医疗保险，但是他们在老家还缴纳了新农合或者是城镇居民基本医疗保险，即使买了两份不同的国家基本医疗保险，在报销的时候也只能用一份。所以建议继续缴纳城镇职工基本医疗保险，另外一份可以取消。

在条件允许的情况下，要以城镇职工基本医疗保险和灵活就业医疗保险为优先考虑对象，而新农合和城镇居民基本医疗保险属于备选。虽然价格上会有差别，但是以大部分消费者的家庭条件，这样的费用还是可以负担得起的。

现在大部分的企业都会给员工缴纳社保，但是很多刚步入社会的年轻人，为了每个月到手的钱可以多一些，会希望企业不给自己缴纳社保，而额外地多发一些钱，很多企业为了省钱有时候也会这么操作。这里建议，只要企业愿意为我们缴纳社保，那么一定不要拒绝。

在现实生活中，有一些小企业或者个体经营户并不会给员工缴纳社保（虽然这样是不合法的，但现实情况确实这样），如果你就职的企业是这样的，并且你也在当地工作，那么建议自己购买灵活就业医疗保险。虽然这个费用每年会更多一些，但是它的保障和城镇职工基本医疗保险是一样的。

如果自己的企业不缴纳城镇职工基本医疗保险，自己又不符合灵活就业的条件，那么只能用备选方案，选择缴纳城镇居民基本医疗保险或者是新农合。

表2-7为四类国家基本医疗保险的对比。

表2-7 四类国家基本医疗保险对比

	新农合	城镇居民基本医疗保险	以灵活就业身份购买的医疗保险	城镇职工基本医疗保险
价格	低	中	高	中高
报销比例	低	中	高	高
保障时效	短	短	长	长

（2）国家基本医疗保险的优势

无论是四种国家基本医疗保险的哪一种，它的优势都是商业保险不具备的。下面我们重点阐述五个优势。

优势一：无健康告知要求，受众人群广。大部分的商业医疗保险都会有健康告知的要求，只有惠民保险及部分意外医疗保险没有健康告知要求。所以国家基本医疗保险在这个方面就会优于商业医疗保险，在现实生活中，最需要保险的那些人往往都是身体有异常的人，而这部分人却被商业医疗保险拒之门外，所以像国家基本医疗保险这种没有健康告知要求的保险是对老百姓最大的福利。

优势二：保障时效长。虽然新农合以及城镇居民基本医疗保险是交一年保一年，但是只要自己想买，那么就可以一直买，不会存在不让买的情况。商业医疗保险却不一样，现在最长保证续保时间也只有20年，那么20年后如果身体不符合健康告知要求，能不能继续购买是一个未知数。不单单是身体异常的隐患，保障时效最大的隐患是产品停售，无论是商业医疗保险还是惠民保险，都可能会存在日后停售的风险，即使我们想买可能也会买不到，但是国家基本医疗保险不存在这个问题。

优势三：既往症正常赔。部分惠民保险可以赔付既往症，但是赔付比例会很低，而其他商业医疗保险针对既往症都不会赔付。而国家基本医疗保险不会区分既往症问题，社保范围内能报销的费用都会报销。

优势四：免赔额低。不同地区虽然不太一样，但是大部分的国家基本医疗保险免赔额都在 1000 元左右，也就是一年内累计 1000 元以上的部分，都可以按照比例进行报销。而惠民保险和百万医疗险的免赔额最少都是在 1 万元，小额医疗险免赔额虽然低，但是保障额度也有限。

优势五：理赔方便。现在大部分的国家基本医疗保险都是在医院直接结算，也就是出院之后就可以报销。甚至在部分地区的医院，押金都可以少交一些。以下是我的亲身经历，我父亲意外摔伤，需要做一个小手术，因为这类手术比较常见，医生粗略估计整体费用在 2 万元左右。但是押金却不需要交 2 万元，当时我只交了 8000 元，因为我父亲的医保报销比例大概在 70%，也就是自己承担 6000 元左右的花费，所以只交了 8000 元押金就可以进行治疗。但是商业医疗保险的报销理赔肯定没有这么简单，哪怕是现在已经非常快捷的理赔，也需要我们自己操作。

国家基本医疗保险的作用与优势是所有商业医疗保险都无法比拟的，我强烈建议各位读者，在配置保险之前，优先配置国家基本医疗保险。

当然，也不是说国家基本医疗保险就是完美无瑕的，它毕竟是惠民制的保险，保障肯定会有一些缺失。比如社保外用药不能报销、保额并不是太高等，像癌症这类大病的治疗，国家基本医疗保险就只能起到一部分作用，所以我们也是针对国家医疗保险不足的地方，来补充商业医疗保险。

核心逻辑二：预算优先

保险规划的第二个核心逻辑就是预算优先，不考虑预算的保险规划一定是不合理的。买保险是为了解决问题，而不是让保险的支出给我们带来经济压力。在实际的咨询案例中，有很多用户居然拿出了50%以上的家庭年收入去购买保险，这样的保险花费其实已经严重影响到日常生活，保险应该是服务于我们的生活，而不是绑架我们的生活。

在前面已经讲过，保障类保险保费最多不超过家庭年收入的10%，最好是不超过7%。因为家庭还有其他支出，保险只是为了应对某一部分重大的风险而已。大部分家庭其实购买国家基本医疗保险、百万医疗险和意外险就已经能够应对很多风险问题了，而这三类的总保费也就是千元左右，是大部分家庭都可以承担起的。

重疾险在某一些方面确实很好，但是它的价格也确实很贵，我们要根据实际的情况选择配置。在预算范围内，我们可以购买。但是如果已经超出预算太多，我们就不要强行购买。很多消费者可能被一些营销话术所迷惑，比如以后发生风险怎么办？百万医疗险不能续保怎么办？但是我们要想一下，在现实生活中，我们每天都要面对无数的风险，难道都要用保险来解决吗？当然不是。这个就和在现实生活中谁都想要购买好一点的房子一样，但是因为预算问题，我们只能按照实际情况来选择适合我们的房子。那么保险也是一样，谁都想让自己的保障好一些，但是这是要额外付出成本的。所以一切的保险规划一定要按自己的实际情况来。在实际的咨询案例中，有很多消费者在购买重疾险的时候都是一时冲动，没有考虑到预算的问题，虽然第一年的保费可以交纳，但是日后在续保的时候，发现这个费用是家庭的一大笔开支，实在无力交纳，最后无奈选择退保，而且还损失了一笔钱。

我在本书中一直强调的核心观点就是一定要以自己家庭的实际情况为准，预算有限，配置最基础的就可以了；如果是预算比较充足，那么适当增加重疾险的保障，这样才是合理的规划。

核心逻辑三：家庭经济支柱优先

保险规划的第三个核心逻辑就是家庭经济支柱优先配置，简单理解就是家里谁赚钱多，就应该先给谁配置保险。

在现实生活中，很多消费者会优先给儿童及老人配置保险，自己的保险却一份都没有。理由就是儿童和老人容易生病，所以应该先给他们买，自己身体好，不会生病，所以自己就暂时不用买。这个从概率的角度讲，确实是正确的。不过我们忽略了另外一个问题，就是赚钱能力问题。如果儿童和老人不幸得病了，哪怕没有保险，家庭的经济支柱还可以赚钱来弥补这部分损失。但是一旦家庭经济支柱生病了，那么谁来赚钱养家呢？

正确的家庭保险配置顺序是全家人把最基础的保险都配置齐全，国家基本医疗保险＋百万医疗险＋意外险。然后在这个基础上，我们再选择增加重疾险。如果是预算够给全家人买重疾险的情况，那么就不存在先后顺序的问题，直接都配置上就可以了。但是如果预算只够给一个成员配置重疾险，那么优先给家庭经济支柱配置。

在这个问题上，很多人会有纠结，就是孩子的重疾险比较便宜，成人的重疾险很贵，感觉给孩子买更加划算一些。但这个想法依然是错误的，我们买保险时不是看谁的便宜、谁的理赔概率高，而是看给谁买保险起到的作用最大，能让我们抵御风险的能力更强。那么毋庸置疑，一定是家庭的经济支柱，一旦没有了收入来源，所有的规划都是水中花、镜中月而已。

核心逻辑四：尽可能先买保障类保险，后买理财类保险

保险产品按照是否具备理财功能区分，主要分为保障类、既有保障又有理财类以及理财类。家庭购买顺序应该是保障类保险优先，理财类保险靠后。这样配置的主要原因就是，保障类保险花费小，可能"回报更大"。

对于一般的小康家庭来说，如果真的遭遇损失比较大的风险，对家庭来说可能是灭顶之灾。我们在各类媒体或者朋友圈经常看到，某某家庭因为某一个家庭成员罹患重大疾病，卖房卖车都不够高额的医疗费用，甚至要去借钱或者众筹。而保障类保险解决的刚好就是这类问题，理财类保险只是起到保本增值的作用，起不到对冲风险的作用。而对于购买纯保障类保险还是既有保障又有理财功能的产品，这里就不做赘述，在第 3 课的时候已经详细讲解过。

最后我们一起来总结下保险规划的几个核心逻辑，分别是国家基本医疗保险优先、预算优先、家庭经济支柱优先、保障类保险优先四个核心原则。

儿童保险的规划方案

儿童 [⊖] 类保险的规划，相较于另外两类人群会简单很多，主要是因为儿童的身体情况比较好，很少会出现因为健康告知异常问题要去挑选产品的情况，并且风险比较单一，只需要配置标准化的产品。

儿童的保障类保险规划主要是以国家基本医疗保险＋百万医疗险＋意外险＋重疾险＋其他保险组合为主。下面我们展开介绍每一类产品的具体规划逻辑。

1. 国家基本医疗保险

儿童可以买的国家基本医疗保险只有两类，城镇居民基本医疗保险或者是新农合。无论是哪种医保，出生之后就可以办理。并且有的地区如果是在出生之后的 3 个月内办理，享受的医保报销时间是从出生时开始算起，

⊖ 18 周岁以下的人群。

所以儿童应该尽快办理医保。办理方式也比较简单，带着相关证件去街道医保服务点就可以办理。国家基本医疗保险的作用在此不再赘述，前面已经做了详细的介绍。

2. 百万医疗险

目前市场上的百万医疗险从保证续保期限来分，主要是 1 年、6 年，以及 6 年以上。而从产品保障方面来讲，如果都拿各个保证续保的头部产品来对比，相对来说是保证续保期限越短，保障会越好一些，但也仅仅是好一点点而已。原来讲过，百万医疗险相差不是太大，儿童在选择百万医疗险的时候，保证续保期限并不是最优先考虑的因素，因为儿童日后可以续保的概率还是很大的，所以如果对服务以及其他保障比较看重，也可以选择保证续保期限在 1 年或者 6 年的产品。

在这个问题上，很多消费者会特别纠结，产品太多，选择起来感觉眼花缭乱。我的建议是，一定要考虑自己的时间成本，这类保险本身就是短期保障，而且保障还都差不多，所以我们踩坑的概率很低，切勿陷入无限纠结的循环中，总是想买到一个绝对完美的产品。本书中，我一直强调一定要明确自己最主要的需求因素是什么，按照第一需求因素去选择，就可以大大提高效率。

3. 意外险

儿童意外险的选择和成人会略微有一些差别，因为在儿童身故保障责任方面，国家有严格的赔付保额限制：对于被保险人不满 10 周岁的，身故赔偿金额不得超过人民币 20 万元；对于被保险人已满 10 周岁但未满 18 周岁的，身故赔偿金额不得超过人民币 50 万元。这意味着哪怕是买了很高的保额，最后也是不能赔付的。所以在选择意外险的时候，更应该看重的是意外医疗的责任，比如我们经常说的免赔额、报销比例、社保内外用药等因素。

4. 重疾险

重疾险是众多宝爸宝妈给宝宝规划保险时最为纠结的保险产品，因为价格差别极大。关于应该购买哪个阵营的重疾险，这里也不做赘述了，忘记的小伙伴可以参考第3课重疾险选择部分的内容。在这里我们主要阐述下在规划儿童重疾险的时候，是选择定期还是选择终身。儿童的重疾险保障期限一般有三种选择，保障到30岁，保障到70岁，保障到终身。在三者中无论选择哪一个，都没有本质上的对和错，我们下面分别说一下三者的优劣势。

（1）保障到30岁版本

这个版本最大的优势就是价格便宜，50万元的保额，保费一般也就是在一年600元左右，交费20年，相当于用1万元钱换取可能的50万元的赔偿，它的杠杆比例是最高的。也是因为它价格更加便宜，我们完全可以用省下来的钱自己去做投资，从而提高对资金的使用效率。其缺点也比较明显，就是日后续保的问题。虽然现在很多公司都有忠诚协议，但是很多消费者依然会有顾虑。

忠诚协议指购买了保障到30岁版本的产品，在保障期满时，无须做健康告知就可以购买本公司的其他重疾险产品。这个协议其实挺好，但很多消费者怕到时候保险公司虽然同意投保，但同意投保的产品性价比不高，如果这个时候恰巧孩子的身体情况不符合健康告知，那么可能就买不到其他重疾险了，而且有可能还会存在一种结果，就是如果在保障期限内理赔了，即使有忠诚协议，那么基本也不能投保其他终身产品了。

很多保险从业人员对这个版本是持绝对否定意见的，但是我建议各位读者冷静来看。我们想象一下，很多80后、90后，从小父母也没有给他们买保险，现在他们不是一样在给自己规划保险吗？孩子长大后有自己的人生，有自己的家庭，那时他们已经到 30 岁了，不应该为自己的人生负责吗？难道做父母的真的要照顾他们一辈子吗？所以我对这个版本一直持有中立的态度，这个版本有自己绝对的优势，当然相对于其他版本也有劣势，但我们要结合自己的实际心理需求和家庭情况来看，保持冷静客观。

此版本有利有弊，适合对资金使用效率比较看重或者是预算确实有限的消费者购买。

（2）保障到 70 岁版本

这个版本属于保守选项，它不像 30 岁版本保障期限那么短，也不会像终身版本保费那么贵，在实际生活中，购买这个版本的消费者也不在少数。如果是 50 万元保额，30 年交费，一年的保费大概是在 1400 元。保障到 70 岁版本的优势是保障期限更长，哪怕日后真的到了 70 岁没有重疾险的保障，但是那个时候年岁已老，很多人也就看开了。而另外的一个优势就是它的价格会比终身版本便宜一些。

这个版本比较适合想控制预算的家庭，毕竟它在三个版本中属于均衡的那类。

（3）保障到终身版本

终身版本的优点是毋庸置疑的，保障期限更长，不用担心日后不能续保的问题。但是它的缺点就是价格贵一些，同样的条件，一年的保费大概要到 2000 元。这个版本有一个点是另外两个版本不具备的，就是储蓄型重疾险。只有终身版本的重疾险附加上身故责任才会变成储蓄型重疾险。而定期的重疾险哪怕是增加了身故责任也不会变成储蓄型重疾险，虽然它的现金价值相比于不加身故责任会变高，但是在保单临近结束时，现金价值也就基本等同于已交的总保费，它不会像储蓄型重疾险那样，现金价值远超已交保费。所以这个版本比较适合预算充足的家庭配置。

拿一个具体的产品举例，0 岁的男宝宝，50 万元的基本保额，我们分别看一下不同版本的价格对比（见表 2-8）。

表2-8 不同保障期限保费对比

	保障到30岁版本	保障到70岁版本	保障到终身版本
年交保费（元）	603	1 365	1 825
交费年限（年）	20	30	30
总保费（元）	12 066	40 950	54 750

儿童重疾险在保额选择方面，没有绝对量化的分析逻辑。按照目前的通胀水平以及重大治疗费用预估，重疾险的保额最少是选择 50 万元。如果家庭预算有限，买不到 50 万元重疾险的保额，那么可以适当缩短保障期限。

5. 小额医疗险

在儿童的保险规划中，对这类保险购买最多的就是小额门诊医疗险，因为它既有门诊医疗的保障又有住院医疗的保障，价格一般是在 630 元左右。是否购买这类保险完全看个人的需求程度。对这类保险的购买建议已经在第 2 课介绍小额医疗险的时候详细阐述过，这里不做赘述。

6. 学平险

这类保险是每一年学生开学以后，学校要求家长给孩子购买的一类保险，原来是强制购买，现在已经不做强制要求了，所以很多父母对于是否购买这类保险有很大的疑惑，我们下面简单介绍一下这类保险。

学平险一般会有多个责任，像重大疾病保险责任、意外身故及伤残责任、意外医疗责任、疾病住院责任及疾病身故责任等。这类保险看起来保障很全，但实际保额都很低，我们可以把它简单理解成所有保障类保险组合的迷你版本。所以是否购买这类保险，完全取决于自己孩子的保障是否齐全，如果已经保障全，就不需要购买这类保险，因为很多医疗保险责任是重复的。如果保障并不全，想用这类保险做一部分产品责任的补充，那么是可以配置的，主要是这类保险并不贵，一年的保费大概是100～200元。

以上就是儿童最需要配置的保障类保险的情况，我们最后再总结一下：国家基本医疗保险＋百万医疗险＋意外险＋重疾险＋小额医疗险。

老人保险的规划方案

在这个小节开始前，我们要先划分一下老人的年龄段，有时候会把50岁的人定义成老人，但是75岁的也是老人，两者在保险规划方面是完全不一样的。所以我们一般会划分三个年龄段，分别是51岁至65岁、66岁至70岁以及71岁以上，这三个年龄段的保险方案完全不一样。

1. 51岁至65岁

这个年龄段的保障规划以国家基本医疗保险＋百万医疗险＋意外险为主，如果因为身体条件不能购买百万医疗险，再以惠民保险和防癌医疗险作为补充。下面我们来介绍一下这个保障方案的细节问题。

国家基本医疗保险。这个年龄段的人是必须要购买国家基本医疗保险的，如果没有购买，那么看完这部分内容以后，最好马上购买。这个年龄段的人如果原来一直在缴纳职工医保，现在已经有一部分人可以不用交，开始持续享受医保了。另外没有享受到的人，大概率已经没有补缴职工医保的可能，基本上只能买非职工医保，也就是新农合和城镇居民基本医疗保险。

百万医疗险。如果身体条件符合健康告知，这个年龄段可以买到保证续保20年的产品。这个年龄段选择百万医疗险，只有一个核心原则，就是保证续保时间越长越好，20年就是最长的选择。虽然其他保障项目也很重要，但是一定要按保证续保时间优先，保障项目其次的原则来购买。

意外险。65岁以下购买意外险的选择非常多，按照选择意外险的框架来操作即可。

以上三种情况是身体条件符合健康告知的情况，但是在实际生活中，这个年龄的人身体多多少少可能会有一些小异常，导致不能购买百万医疗险，此时可以用惠民保险和防癌医疗险作为补充。如果预算条件有限，只购买惠民保险即可。如果预算比较宽裕，那么惠民保险＋防癌医疗险的组合也是可以的，但是这里一定要注意身体情况是否符合防癌医疗险健康要求的标准。

2. 66岁至70岁

这个年龄段和上个年龄段的配置基本是一样的，不一样的地方主要有以下两点。

第一点，此时已经买不到保证续保20年的百万医疗险产品，但是百万医疗险还可以购买，只要是身体情况符合要求，那么一定要优先购买百万医疗险，哪怕是只能续保一年的产品，对这个年龄的人来说，也是非常好的保障。

第二点，意外险。在这个年龄段意外险的选择性就会相对较少，投保人只能选择针对老年人的意外险，这类意外险会比普通的意外险略贵一些，保费大概是在每年200元。

剩下的所有规划方案都和上个年龄段一样，惠民保险和防癌医疗险的备选策略也一样。

3. 71岁以上

这个年龄段的百万医疗险已经买不到了，能选择的保险基本就是国家基本医疗保险＋意外险＋惠民保险。所以规划方案也比较简单，因为可选择性太少了。

以上就是三个年龄段建议的保险规划方案，而在整个规划方案里面，我没有提及重疾险的配置。为什么不建议这些年龄段的人购买重疾险？主要原因有以下三个。

价格太贵。如果是买传统大型保险公司的产品，51岁的男性，30万元的保额，每年保费基本在15 000元左右，而50万元的保额，那么每年保费就要24 000元左右，而且还都是30年交费，交的总保费比购买的保额都要高很多，这个也是我们经常说的保费倒挂。如果不买大型公司的产品，想买互联网保险公司的产品，单款产品的最高保额也就在10万元左右，而且必须选择10年交费，每年保费也要4000多元，而且10万元的保额对买重疾险的意义就太小了。

健康告知问题。即使能接受第一点的种种问题，健康告知也不太容易通过。主要是本身产品选择就少，而且到了这个年纪身体往往会有一些小问题，那么就更难选择到合适的产品。

时间成本。第一点和第二点造成的问题，导致选择产品的时间成本太高，最后哪怕买到了重疾险，也可能起不到想要的作用，所以这个年龄段的人我是不建议购买重疾险的。

我们简单总结一下老人保险的规划逻辑。

- 基本配置以国家基本医疗保险＋百万医疗险＋意外险为主，如果买不到百万医疗险，就用惠民保险和防癌医疗险作为补充。
- 对于百万医疗险，保证续保时间越长越好。
- 不太推荐购买重疾险，如果能接受重疾险的费用问题，那么可以根据实际情况酌情考虑。

成人保险的规划方案

成人的年龄跨度非常大，从 18 岁到 50 岁，都属于成人范围，所以对成人的保险规划我们会分成三个年龄段，分别是 18 岁至 25 岁、26 岁至 35 岁、36 岁至 50 岁。

1. 18岁至25岁

在这个年龄段，一部分人还在读书，另一部分人可能刚刚工作不久。一般情况下，他们的财务情况都不会特别宽裕，但此时是身体健康条件最好的时候。除一些特别情况，这个年龄段的人可能还在未婚的状态。如果已经成家，可以参考下一个年龄段的保险规划方案。

这个年龄段配置的保险，无论是自己购买还是家里人帮忙购买，都应尽可能以中短期保障为主，如果预算特别高，可以考虑一些长期的产品。

在具体产品方面，还是以国家基本医疗保险＋百万医疗险＋意外险＋重疾险为主。

国家基本医疗保险。如果还在读大学，那么基本能买的就是新农合或者是城镇居民基本医疗保险；如果已经毕业工作，那么可以让公司缴纳城镇职工基本医疗保险或者是自行购买灵活就业医疗保险。虽然这个年龄段身体比较好，也不容易得病，但是国家基本医疗保险一定要购买。

百万医疗险。这个年龄段购买百万医疗险非常便宜，一年在 100 元左右，如果是月付费的产品，一个月就是十几元，相当于一顿饭钱，哪怕是自己买，也可以买得起。在选择方面，其实不用太看重保证续保时间，因为这个年龄不用太担心续保的问题，所以以价格为优先，毕竟这个年龄段预算不会太高，其次再对比其他一些保障项目。

意外险。按照前面讲过的选择意外险的思路去选择就可以了。

重疾险。虽然这个年龄段的人比较年轻，但买一份重疾险也并不便宜，尤其是对于自己出钱购买的消费者来说。所以我个人的建议是，在购买重疾险的时候，如果预算有限，可以购买短期的重疾险，比如保障20年的版本即可。如果预算多一些，也可以买保障到70岁的版本。如果预算比较充足，那么可以购买终身型的重疾险。而重疾险的保额，建议选择30万元以上。

这个年龄段的保险配置以国家基本医疗保险＋百万医疗险＋意外险＋定期重疾险为主，如果预算比较多，可以适当调整重疾险的保障期限。

2. 26岁至35岁

26岁至35岁这个年龄段的人群，大部分可能已经成家甚至已经有了宝宝。所以在考虑保险规划的时候，就要把隐性负债和显性负债计算进去。在配置方面，要额外增加定期寿险的保障。

这个年龄段的保险规划方案，以国家基本医疗保险＋百万医疗险＋意外险＋重疾险＋定期寿险为主。

国家基本医疗保险。这个年龄段的人基本已经工作，所以如果可以缴纳城镇职工基本医疗保险最好，如果缴纳不了城镇职工基本医疗保险，也要缴纳灵活就业医疗保险。如果两者的条件都不能满足，那么就只能缴纳新农合或者是城镇居民基本医疗保险。

百万医疗险。这个年龄段的人群在选择百万医疗险的时候主要有两方面需要考虑。第一个方面就是身体的情况，如果身体条件比较好，选择百万医疗险的时候可以以性价比为主，可以重保障、轻保证续保时间。如果身体存在一些小异常，但还可以买百万医疗险，就要尽可能选择保证续保时间更长的百万医疗险。

意外险。这个年龄段和上一个年龄段选择意外险的逻辑是一模一样的，这里不做赘述。

重疾险。这个年龄段的人群在选择重疾险的时候预算可能会充裕一些，所以在选择保障期限的时候，尽可能买终身型。如果预算实在有限，可以选择保障到 70 岁，或者是保障到 80 岁的版本。保额的话，最少要买到 40 万元，因为现在的家庭责任更多一些。

定期寿险。因为这个年龄段已经存在隐性负债和显性负债，所以要适当地配置定期寿险，而定期寿险的保障期限和交费期限，一定要根据实际情况进行选择，在预算充足的情况下，定期寿险的保障期限可以选择保障至 60 岁，而交费期限也要选择最长，一般情况下可以选择交费至 60 岁。保额可以根据隐性负债和显性负债的大致金额去计算。而如果预算实在有限，定期寿险的保障期限可以适当缩短，可以选择保障 10 年或者是保障 20 年，但是交费期限都尽可能选最长。

这个年龄段和上一个年龄段保险规划的不同之处在于长期类保险保障期限的选择以及定期寿险的配置。

3.　36岁至50岁

这个年龄段和上两个年龄段最大的区别，就是在规划的时候，要尽可能考虑得长远一些，因为这个年龄段以后再增加保险，选择会越来越少，所以在配置保险的时候，如果预算充足，就尽可能选择长期的保障。

国家基本医疗保险。这和上一个年龄段的配置是一样的，这里不做赘述。

百万医疗险。这个年龄段在选择百万医疗险的时候，优先选择保证续保 20 年的产品，因为随着年龄的增长，日后身体的小毛病会越来越多，日后可能会买不到适合自己的产品。

意外险。这和上一个年龄段的配置是一样的，这里也不做赘述。

重疾险。这个年龄段人群的身体可能开始出现一些小问题，那么可选择的产品就会变少。所以在选择重疾险之前一定要先衡量一下自己的身体情况，选择能符合条件的产品。如果身体没有异常，那么是最好的情况。保障期限方面，尽可能买到终身，只有在预算极其有限的情况下，再去考虑定期的重疾险。而保额尽可能不要低于40万元，因为随着年龄越来越大，想增加保额也会变得不太容易。

定期寿险。这和上一个年龄段选择的方向是一模一样的，所以这里就不做赘述。

到这里，我们就把成人保险规划的所有逻辑以及方案讲完了，其实三个年龄段的规划有相同的地方，也有不同的地方。主要的逻辑就是随着年龄的增长，我们在选择保险产品的时候，保障期限就要选择尽可能长一些的，而这些年龄段很少出现百万医疗险不能购买的情况。如果百万医疗险真的不能购买，那么就用惠民保险以及防癌医疗险去替代。如果重疾险也不能购买，就用给付型防癌险去替代。

最后我们总结一下这一部分的全部内容。

- 无论哪个年龄段的人群，基本的保险配置都是国家基本医疗保险＋百万医疗险＋意外险。
- 不同年龄段的配置方案差异，主要是在重疾险和定期寿险的选择。
- 年龄小的人群在选择重疾险的时候可以选择短期保险，而年龄大的人群在选择重疾险的时候，就尽可能选择终身型产品。

理财类保险应该如何规划

理财类保险的规划逻辑和保障类保险的规划逻辑是一样的。首先一定是先确定我们想解决的问题，其次是寻找工具，看看哪一些工具可以解决我们的问题，最后就是建匹配，看看哪些工具是最适合自己的。下面我们就详细介绍一下每一个步骤。

第一步，找到想解决的问题。

想购买理财类保险的消费者，其实想解决的无非就是三个问题：养老的问题、孩子教育的问题以及日后在某一个固定的时间段有一笔固定的钱。无论是哪一个，其实问题都已经找到了，剩下的就是要根据具体的实际去做规划。

先说最容易解决的规划问题，就是在某一个固定的时间段拥有一笔固定的钱。理财类保险的规划方式一般有两种，一种是倒推法，也是我比较推荐的，另外一种就是正常演算法，适合目的性不太明确的用户，下面我们分别介绍一下。

倒推法，就是根据日后我们想要达成的目标，进行倒推演算，计算我们需要交多少钱才可以达到想要的那个目标。举一个例子，小张同学的宝宝今年 3 岁，他想在宝宝 25 岁的时候给宝宝准备一笔婚嫁金 50 万元，那么其实小张同学就需要根据具体的产品，来倒推需要投资多少钱。而另外一种正常演算法就是大部分消费者喜欢采用的方式，根据自己手头的钱，选择一个交费时间，看看到某一个年份能具体得到多少钱。

两种方式在现实生活中应用都很广，第一种比较适合目标明确的用户，我也建议大家在理财规划的时候让自己的目标尽可能明确一些。第二种比较适合不知道具体的目标，但是想存一笔钱的用户。

说完最简单的规划，我们再来说比较复杂的规划，即养老规划和教育金规划的问题。两者规划的逻辑是一样的，只是部分细节不一样。比如养老金一般是每年固定领多少钱，从退休一直领，领到身故的时候。而教育金一般是在固定的那几年领取，比如在 18 岁到 22 岁的时候领取就可以了，日后是否继续领取要看用户的具体需求。所以这类最好就用倒推法的方式，确定想领多少钱，就可以知道需要交纳多少钱了。

比如小张同学 30 岁的时候考虑养老规划的问题，在 60 岁退休的情况下，他社保的养老保险大概每个月可以领取 1 万元，而他的计划是让每月退休金可以达到 2 万元，那么还差 1 万元，也就是一年领取 12 万元左右的养老金。所以他根据自己的规划找到了一款产品，每年需要交纳 12 万元，交费 10 年，一共 120 万元，就可以在 60 岁退休的时候开始领钱，按照一开始计划的金额，一直领到身故。

教育金也是类似，不过需要考虑得更加系统一些，比如孩子的大学是在国内还是国外读，是否要考研等。当然，这些事情肯定也要看未来的实际情况，但是规划就是为未来可能的支出做打算。如果都是走一步看一步，那么也就不用规划了。这里借用一位经济学老师的话，保险本身就是把不确定的事情变成确定的事。所以理财规划就是这样，它会让我们确定日后无论发生什么样的问题，这笔养老金一定在，这笔教育金一定在。

虽然倒推法比较好，但是在实际生活中很多消费者觉得没办法用，因为目标有时候想得很好，倒推出来发现要交纳的保费太多，实在没有办法承担。所以还是有很多消费者用正常演算法，也就是根据现在大概能拿出来的钱做一个计划，从而得知日后在某一些年份能领多少钱，虽然这笔钱可能没有达到想要达到的那个目标，但是毕竟预算有限，也就只能这样了。

通过以上的讲解，我们已经确定了自己想要解决的问题，那么剩下的就是寻找解决问题的工具了。

第二步，寻找工具。

本书第 2 课已经详细讲解了理财类保险的种类，从需求角度讲，其中三类产品都可以满足我们的需求，分别是年金险、年金险＋万能账户型、增额寿险。我们需要做的是根据自己的目标来匹配产品。在找工具方面，很多消费者会陷入一个小误区，即把商业型的养老保险和社保的养老保险混淆，在我大量的咨询案例中，有很多咨询用户都已经到了 50 多岁，才开始考虑自己的养老规划问题，希望买一份商业养老保险，在退休以后可以领取养老金，但是这种情况其实很难实现。

因为商业养老保险必须符合商业和金融的逻辑，必须要给这份产品充足的时间，它才有增值的可能。但是很多消费者都是临近需求了才去想到规划，那么其实保险就已经不是最好的工具了，此时可以考虑其他金融产品。理财类保险最核心的一点就是，一定要给它足够的时间，最少是 20 年，这样它才能发挥最大的价值。

第三步，匹配符合自己需求的产品。

因为每个人的需求点不太一样，比如一直说的收益、领取灵活性、品牌等，所以这一点和我们在规划保障类保险的时候基本一致，我们要先把需求进行排序，哪一个需求是我们最为看重的，应该先以满足这个需求为主。比如我们在做教育金规划的时候，最大的需求就是收益，那么就一定要以这个需求为主，然后再找寻次要需求，只有用这样像漏斗一样的筛选方式，才能选到适合自己的产品。

以上就是关于理财类保险规划的最主要的内容，下面我们简单地总结一下。

- 理财类保险规划的逻辑依然是找到问题，寻找工具，匹配工具。
- 理财类保险规划主要是靠倒推法和正常演算法。
- 理财类保险规划一定是长期的规划，如果期限太短，就不太建议用理财类保险作为工具。

投保篇 |

投保时最应该知道的事

投保前必须知道的四个重要时间

购买保险之前有四个非常重要的时间是我们一定要知道的，分别是犹豫期、等待期、生效期以及宽限期。

1. 犹豫期

犹豫期指的是在购买保险以后，有一个可以无条件退款的时间期限。这个就和我们购买其他产品，有 7 天无理由退货一样。不同保险产品的犹豫期不太一样，但是大部分都是在保单生效后的 15～20 天，在这个时间段以内，无论任何原因，都可以无条件退保，而且没有任何损失，交多少钱就会退回来多少钱。不过有一部分保险公司也会收取 10 元左右的工本费，这个工本费一般都是制作纸质保单的成本费用。一旦过了犹豫期选择退保，那么退保的金额是按照现金价值来计算，在保单的前几年，现金价值会远低于我们已交的保费。

大部分的保险都会有犹豫期，但是也有一小部分短期保险是没有犹豫期的，比如一年期的意外险、一年期的医疗保险等是没有犹豫期的，所以在购买这类保险之前，一定要考虑清楚。

2. 等待期

等待期指的是在一定时间内，如果发生了合同约定的某一部分风险，保险公司是不承担赔付责任的，只有过了等待期后才可以正常赔付。等待期是很多消费者最不能理解的地方，明明保单已经生效，但保险公司为什么不能赔付呢？等待期的设定主要基于以下两点原因。

降低非正常情况下的赔付概率。保险产品是基于一系列的数据，通过精算模型制作而成，如果实际情况都是一些非正常的情况，就会影响整个精算模型的设计，从而影响到保费的设定。举一个比较容易理解的例子，比如一款产品在一段时间内的正常赔付概率是十个人赔付一个人，但是因为没有等待期的设定，结果导致该时间段内的赔付概率从一个提高到了五个，那么可想而知，保险公司的精算模型就会不准确，而为了应对这种不准确，保险公司就会调高产品的保费，以应对较高的理赔概率。但这种情况其实是不符合商业场景的，消费者喜欢物美价廉的商品，保险公司喜欢薄利多销，所以为了达成商业上的平衡，保险公司就会去掉这个造成不准确的因子，把等待期的限制加上，那么理赔概率降低了，自然保费也就会降低。

应对骗保行为。在现实生活中，有人会利用保险可能的漏洞骗保，毕竟一些保险杠杆很高，几百元的保费就可以获得几百万元的赔偿，让一些人被金钱蒙蔽了双眼，在影视剧中也不乏这样的案例，所以为了应对这种风险，保险公司就增加了等待期的设定，让骗保人士无法钻这个漏洞。

不同保险产品的等待期是不一样的，有的产品甚至没有等待期。如意外险一般情况下都不会有等待期，因为意外情况不可控。而医疗类保险、重疾险、寿险等都会设有等待期，从保单生效后的 30 天到 180 天不等，原来还有 365 天等待期的产品，但现在基本没有了。不过医疗类保险、重疾险、寿险等产品虽然设有等待期，但是它们对意外风险造成的理赔责任，也是不设等待期的。

3. 生效期

生效期是指我们购买保险之后，保单从什么时候开始生效。大部分的保险产品都是购买完以后第二天零点正式生效。但是也有一些特别的情况需要我们注意，比如购买后的第三天开始生效，有的意外险就会是这样的情况。还有一些产品因为特殊的原因，会告知某某时间保单正式生效，这些都是我们在购买时需要额外注意的地方。

4. 宽限期

宽限期指的是我们在日后续保的时候，有一个宽限的期限，如果超过这个宽限的期限没有续费，保单就会进入中止状态。一般产品的宽限期都是续费期的后 60 天以内，也有一部分产品只有 30 天，不过无论多少天，只要是在约定的宽限期内续费，保单的效力都不受影响，所以大家不用担心忘记交费的情况。

已经购买的产品停售了怎么办

我们在购买保险的时候，经常会担心一个问题，如果买的保险产品日后停售了，那么保障怎么办？在实际生活中，经常会有一些不良的从业者利用产品停售，故意制造心理危机，告诉消费者保险就要停售了，所以原来购买的保险就失效了，现在要抓紧购买他们的产品才有保障。在我多年的咨询案例中，不乏消费者被这样误导。所以在这一小节，我们会讲透关于产品停售的问题。

1. 自己购买的产品即将停售怎么办

已经购买了某一款产品，而这款产品即将停售，这是否对我们的保障有影响，主要看产品的保障期限或是续保条件。保障期限在我们购买保险的时候就会规定好，有的是一年期，比如意外险；有的是终身，比如重疾险。只要是在保障期限内，无论产品是否停售，我们的保障都不会受任何影响。

如果是过了保障期限，那么就要看产品的续保条件。百万医疗险大部分都是交一年保一年的产品，有时候会发生刚买完一年，第二年产品就停售的情况。如果买的是保证续保的产品，那么即使停售了，依然可以续保。但如果买的不是保证续保的产品，那么就不能续保，只能换新的产品。像重疾险这些长期保险，只要在保障期限内，哪怕产品停售，消费者依然可以继续交费，保障持续有效。只是如果是首次投保的消费者想购买这类产品，停售了就是买不到了。而如果意外险或不保证续保的百万医疗险停售了，在续保的时候消费者就只能购买其他产品。

产品停售对我们已有的保障没有影响，影响的是保障期限到期之后的事。

2. 为什么产品会停售

保险产品的停售原因有很多，但归根结底是两种。一种是银保监会的要求，比如某某政策实施，要求某一些不符合规定的产品下架，如2021

年，中国银保监会发布了《关于规范短期健康保险业务有关问题的通知》，要求 2021 年 5 月 1 日之前要下架不符合保证续保条件的短期健康险。另外一种是保险公司自愿下架，这个情况有很多原因，如市场反馈不好，或是市场反馈太好已经卖得没有额度了等。所以保险公司停售某一款产品是非常常见的现象。

3. 某一款产品即将停售，是否要购买

我们会经常看到某些媒体宣传某某产品即将停售，错过这次再等几年的文案。很多消费者就会被舆论左右，盲目地购买某个即将停售的产品。我的建议是，无论一款产品是否停售，都不构成我们购买它的理由。

我们买一款保险，第一看的是这个保险能否解决我们的问题，第二看的是它是否适合我们，如果以上两点都不符合，那么即使以后再也买不到了，也不要强行购买，不然以后会为自己的冲动买单。

线上和线下买保险有区别吗

随着互联网保险逐渐进入大众的视野，越来越多的人选择在线上购买保险产品，不过也有一些消费者对线上购买保险产品存疑，不知道在线上买保险是否有保障，会不会买到假的保险等。所以这一小节就深入讲解关于线上和线下买保险的那些事。

消费者一般能接触到的保险销售渠道主要有五种，分别是保险公司官网、保险公司代理人、线上保险经纪公司、线下保险经纪公司、银行。虽然购买的渠道不一样，但是购买的产品都是保险公司的产品，这个就像我们买一款华为手机，无论是在官网买、线下实体店买还是京东或天猫买，买的都是华为手机，而这些渠道只是代理而已。

在我国，保险公司都是持牌经营的，必须有国家颁发的牌照才可以发行保险产品，我们刚才说的渠道都不能发行保险产品，它们只是代理销售保险产品而已，所以千万不要混淆销售渠道和保险公司的关系，无论在哪里买的保险，最终承保和理赔的都是保险公司。下面我们就分别阐述一下这些渠道的特点和优劣势。

（1）保险公司官网。大部分的保险公司都会在自己的官网、App或者是官方微信公众号售卖自己公司的保险产品。这个购买渠道的优点就是购买者心里踏实，因为不用担心自己买的是假保险。而缺点就是没有一对一的代理人进行服务，在目前大部分老百姓的保险知识还是匮乏的情况下，这个渠道很难获得大众的认可，更适合一些自主能力比较强的消费者。

（2）保险公司代理人。这是目前所有保险销售渠道中保费占比最高的渠道，优点就是不但买着放心，而且还有一对一的服务，如果让我评选哪一个渠道服务得最热情，我一定会选择这个渠道。这个渠道特别适合那些时间成本比较高而且比较认可大公司品牌的消费者。缺点就是产品相对单一，消费者选择较少。

（3）线上保险经纪公司。这是近几年才刚刚兴起的一类渠道，过去很少有消费者会在线上购买保险产品。不同的线上保险经纪公司也有不同的定位，目前来看主要分为两类：一类是支付宝和微信这类大流量平台，它们旗下会有自己的保险服务平台，比如支付宝的蚂蚁保，微信的微保；另外一类是专业从事保险线上销售的平台，如慧择、小雨伞等。虽然现在有一些自媒体或者是保险工作室也在代理保险产品，不过模式和慧择、小雨伞这类基本一致。线上保险经纪公司会和多家保险公司合作，代理多款产品，也会经常定制产品，比如支付宝上的好医保长期医疗就是支付宝和中国人保定制的产品。

线上保险经纪公司的优势是产品种类相对较多，而且代理的产品价格相对来说比较便宜。但是缺点也有很多，它们代理的产品主要是以小型保险公司的产品为主，并且全程在线上服务。所以这个渠道更适合自主选择能力强，不太在意公司品牌的消费者。

（4）线下保险经纪公司。线下保险经纪公司和线上保险经纪公司的产品逻辑基本一样，二者都会代理很多保险公司的产品。不过线下保险经纪公司合作的对象以中型保险公司为主，小型保险公司为辅，而线上保险经纪公司以小型保险公司为主，中型和大型保险公司为辅。这个渠道比较具有代表性的公司有明亚、大童、泛华等，都是经纪人在线下开展业务居多。这个渠道最大的优势是从业人员平均专业度相对较高，这里说的是平均并不是所有，因为每一个渠道一定都会有专业和不专业的从业人员，只是这个渠道的专业度平均会比其他渠道高一些，而且代理产品也比较丰富。那么缺点就是代理的产品略贵一些，且有的产品公司品牌也不是特别知名。这个渠道特别适合想有线下人员服务，想有更多产品选择，且不太在意保险公司品牌的消费者。

（5）银行。银行一直是保险销售渠道中一个很大的渠道，主要是中国老百姓对银行的信任极高，普遍认为只要是在银行办理的业务都是靠谱的。不过通过上面的学习我们知道，无论是哪个渠道，其实都是代理产品，最后承保的都是保险公司，银行渠道也不例外。不过这个渠道也有得天独厚的优势，那就是绝对放心和踏实，想找银行的时候，随时都可以找到。

以上五个渠道是消费者最常购买保险的渠道，五个渠道各有利弊，如何选择要看个人的情况。通过上文的讲解，我们已经了解了所谓线上和线下购买保险的基本区别，线上就是保险的服务人员在线上，线下就是服务人员在线下可以见得到。

如果单从服务角度来讲，那么线下一定是优于线上的，毕竟有一个见得到的人去服务，一定会更好一些，这点是毋庸置疑的。如果从产品丰富度的角度讲，那么线上保险经纪公司和线下保险经纪公司会更好一些。

如何选择一个合格的保险从业人员

大部分消费者买保险的时候，基本都离不开保险从业人员，当然有的是保险公司的代理人，有的是保险经纪公司的经纪人，为方便理解，我们这里统称为保险从业人员。无论是前期的保险咨询、中期的保险购买还是后期的保险理赔，在每一个环节保险从业人员对我们都会有非常大的帮助，所以选择一个合适的保险从业人员是非常重要的，下面重点阐述合格的保险从业人员应该具备的素质。

第一点，专业。

保险产品不同于其他产品，它是极其复杂的金融产品，而且对我们有非常大的保障作用，所以选择一个专业的保险从业人员是极其重要的。问题是，我们自己并不专业，如何能判断一个保险从业人员是否真的专业呢？我提供两点建议供大家参考。

多询问需求少谈产品。如果一个保险从业人员只谈论产品，丝毫不询问需求，那么对他的专业程度就需要打一个问号。前文讲过，产品只是工具，如果都不知道我们的需求是什么，直接推荐具体产品，那么这个产品适合我们的概率也就会很低。

说话严谨。保险是极其严谨的金融产品，如果遇到一个保险从业人员说话不严谨，也要对他的专业度打问号。比如在健康告知方面，客户主动表述原来血压有点高，但是不影响正常生活，如果某个保险从业人员直接说没事，只要两年内没有住院都没有问题，那么就是不严谨的表现。在健康告知中，血压高会有多种核保情况：是否有分级，具体的分级是多少；

如果没有分级，高压最高是多少，低压最高是多少；是在医院测量的，还是在其他医疗机构测量的，或者是自己在家测量的；现在是否吃药，吃药可以把血压维持在多少；等等。这只是单纯涉及高血压的问题，如果涉及其他问题，情况还会更复杂。再比如保障和理赔方面，如果一个保险从业人员说什么都可以赔，那么就需要慎重考虑这个从业人员的素质。保险的理赔看的是合同，合同上的条款写得非常严谨，所以从一个人说话的严谨程度来讲，是可以判断这个人的专业水平的。

以上两点是我们判断一个保险从业人员是否专业的简单标准。如果想更好地判断一个从业人员的专业水平，就需要我们自己掌握保险相关知识了。

第二点，有责任感。

保险行业是一个服务周期极其长的行业，但是这个行业的从业人员流动性却极大，这就会造成客户在服务周期内，可能会受到不同服务人员的区别对待。为了讲明白这个问题，我们要简单阐述一下保险的服务流程。

保险的服务流程基本分为三个，分别是前期的保险咨询、中期的保险购买、后期的保单续保及理赔服务。一般情况下，前期和中期的服务都没有问题，因为大部分保险从业人员赚取的都是售卖保险产品的佣金，那么必须把这两个服务做好，才可以赚到钱。但在后期的保单续保和理赔服务方面，服务的差距就体现出来了。

保险从业人员的流动性非常大，虽然有长期一直在这个行业的从业人员，但是大部分人基本都是如流水一般，没干几个月就离开了。这些离开的从业人员可能已经有了服务的客户，等他们离职之后，虽然保险公司会把这些客户转移到其他从业人员手里，但服务就千差万别了。主要原因我们也可以想到，因为大部分保险从业人员都是靠售卖产品的佣金生存，第一个服务人员已经把大部分佣金赚走了，后面的服务人员虽然可以获得部分佣金，但是相对较少，那么他的服务动力就自然变弱了。再加上本身就不是自己的客户，那么服务可想而知。我们并不否认也有会服务好的情况，但是行业的平均水平确实较低。

在后期服务中，保单续保服务要好一些，毕竟保险公司希望客户继续续保，所以在提醒和服务方面都会很及时。但是理赔服务就很难保证了。我们要求一个接替别人客户的从业人员像原来那个从业人员一样服务这个客户，理赔的时候跑前跑后，24 小时及时回复信息，其实还是挺难的。这其实是这个行业一直存在的问题，从短期来看也很难改变，作为消费者的我们应该怎么办呢？

找一个有责任感的保险从业人员，哪怕他日后真的因为某一些情况离职了，但是依然能协助我们办理理赔的事情，这会让我们更加受益。其实每位消费者都想找一个可以永远不离职的从业人员，但是真的太难了，永远不离开保险行业的人少之又少。所以对于消费者来说，更容易做到的是找一个有责任感的人。

讲到这里，很多读者朋友会有疑惑，难道离职的人员也可以协助我们办理理赔吗？答案是肯定的。具体的内容我们会在本书第 6 课理赔部分做详细的阐述。

第三点，不过分抬高自己的产品，也不过分贬低对手的产品。

我在本书中一直强调的是，没有绝对完美的产品，只有适合的人。虽然产品在保障、价格等方面可以用量化的方式去对比，然后区分出优劣势，但是并不代表一个保障相对好、价格相对便宜的产品就适合所有人，因为消费者对保险产品还有一些潜在的需求，比如心理需求、服务需求等。如果一个保险从业人员在介绍自己产品时可以有一说一，将优劣势都告知消费者，同时对竞争对手的产品也可以客观中立地评价，那么他大概率就是一名合格的保险从业人员。

以上三点是我根据个人经验总结出来的，并不代表整个行业的评估标准，仅供各位读者朋友参考。

投保时健康告知应该怎么告知

健康告知是投保前非常重要的事情，但是面对复杂的健康告知问题，很多消费者都会无从下手，不知道该怎么告知，怕本来不应该告知的告知了，导致买不了保险，又怕该告知的没有告知，导致日后拒赔。所以我们需要了解一下健康告知的基本原则，只有明白原则，才能了解日后每一步具体应该如何操作。

1. 健康告知的基本原则

（1）如实告知不等于全部告知

很多消费者对健康告知最大的担心就是怕买了保险，日后不给理赔，所以就会把自己的各种问题全部告诉保险公司。全部告诉保险公司固然不会犯错，但是会导致一些复杂的情况发生，比如身体的一些小问题其实是不用告知的，告知了反而会把核保的问题弄得复杂。

举个例子，有的疾病可能是小时候得的，现在已经痊愈，而且这个疾病也不在告知的范围内。但是如果你告知的话，保险公司可能会让你再去做个复查，证明现在已经痊愈了。本来这个问题是可以直接投保的，虽然后来健康告知通过了，但是你要准备一大堆的文件和资料，浪费了时间。可能很多读者朋友会认为这样最起码严谨一些，以后不会出现纠纷。这样做确实不会犯错，但是我们还要考虑另外的问题，假如因为去复查了一个问题，导致体检报告上又有了其他问题，结果导致核保不能按照标准体承保，那么这就得不偿失了。

健康告知的第一个原则就是，如实告知并不代表全部告知。保险公司健康告知的问题上问什么，我们回答什么就可以了。这个度怎么去把控，我们后面会有详细的讲解。

（2）以书面记录为准

很多消费者可能会有这样的情况，平时身体都挺好的，但是正好在体检的时候，身体出现了一些小异常，比如血压高了。那么这个就相当于有记录了，健康告知时，不能说自己血压一直很正常，要按数据结果正常地说。因为保险公司对我们是不了解的，它了解的就是数据，也就是各种就诊记录和体检记录。所以，这里也要提醒各位读者朋友，如果想要购买保险，在体检前一定要保持良好的身体状态，千万不要体检的前一天晚上还在通宵，那么第二天的体检数据可能就会有一些小问题。

不单单是体检中心的数据，我们去医院看病的数据也要注意。有很多消费者会有这样的情况，陪朋友去看病，正好自己最近感觉好像也不太舒服，顺便挂个号也让医生帮忙诊断一下。结果医生诊断完以后也没有发现具体是什么问题，就有可能会在病历上写个疑似、可能之类的文字，那么这样的病历对日后买保险都会有影响。当然，我这里不是建议大家不要去医院看病，有问题还是要抓紧就医。

很多读者朋友可能会疑惑，保险公司对这些数据都可以查到吗？如果保险公司愿意的话，它就会查到。而且保险公司查询数据也不属于侵犯隐私，因为我们在购买保险的时候，合同规定如果日后发生理赔，保险公司有权调查信息，而且真的在理赔的时候，保险公司还会让我们签署一份授权协议。其实这个事情也比较容易理解，如果我们都不同意保险公司查我们的个人信息，那么健康告知和保险理赔根本就无法客观地执行了。所以最后叮嘱各位读者朋友，如果想购买保险，一定要注意自己的体检和就诊数据。

（3）先买保险，再体检

第三个原则就是如果身体没有任何异常，也没有什么病史，完全符合健康告知，建议先买保险，再体检。说完这个结论，很多读者可能会疑惑，为什么我和很多从业人员说的不一样呢？其他人都是说先体检，再买保险，如果身体有什么问题，保险公司都会知道，无论是承保还是不承保，都比较踏实。如果不体检就直接买了，日后保险公司找麻烦怎么办。

我这里给出这样结论的原因主要有两个。第一个就是健康告知问的是我们身体情况是否符合健康告知，并不是让我们去做体检，所以我们符合健康告知即可。第二个就是上文说的书面记录，我们没有体检过，相当于身体是符合健康告知的。随着现代人身体的亚健康化，平常明明没有问题，但是去体检的时候，可能会检查出一堆指标异常，那么这个时候就要按照健康告知的要求告知了，可能就会导致不能按照标准体进行核保。所以对于一些从来没有体检过的消费者，如果身体完全符合健康告知的要求，尽可能先买保险再进行体检。如果身体情况已经不符合健康告知要求，可以根据实际情况进行体检。

（4）医生说没有问题，不代表符合保险公司的健康告知

医生说我们身体没有问题，是从临床医学的角度出发，但是保险公司的健康告知要求不是按照临床医学的标准制定的，保险公司的健康告知有一套自己的标准，所以切勿把医生说的没有问题当成可以通过健康告知。举一个比较常见的例子，在体检的时候，有人可能会查出来甲状腺部位的小结节，一般如果不是特别严重，医生都会说没有什么问题，定期观察就可以了。但是保险公司的健康告知要求对这类小结节是一定要告知的，不告知就属于隐瞒告知。明明是同一个问题，但是从医生的角度和保险公司

的角度来看就是完全不一样的概念。

健康告知这四个基本原则是我们一定要牢记于心的。下面我们再来具体说一下健康告知都会问哪些问题。

2. 健康告知都会询问哪些问题

不同保险产品的健康告知内容是不太一样的，有的产品甚至没有健康告知，但是有的产品健康告知就非常严格，下面我们就重点阐述一下健康告知都会问的大类问题。

在前面的部分我们已经讲过，我们一般买的保障类保险主要是四种：百万医疗险、意外险、重疾险以及人寿保险。其中意外险的健康告知是最宽松的，严格一些的产品会询问重大疾病史，宽松一些的产品甚至没有健康告知，所以意外险基本是大部分人都可以购买的产品。图 2-7 为某意外险的健康告知要求。

被保险人健康及职业状态告知模块

1. 被保险人目前或者过往未患有下列疾病：癌症,瘫痪,失聪, 失明, 语言功能丧失, 癫痫, 脊髓病变, 帕金森病, 重症肌无力, 肢体残缺;2级或以上高血压, 冠心病, 心肌梗塞, 心肌病, 脑中风, 脑出血, 肺纤维化, 肺气肿, 系统性红斑狼疮, 脑垂体疾病, 尿毒症, 慢性肾病, 精神疾病, 抑郁症, 酗酒, 慢性酒精中毒及药物成瘾。

2. 被保险人未曾知晓患有先天性疾病, 遗传性疾病或畸形。

3. 被保险人目前未从事下列职业或工种：矿产资源作业, 水上水下作业, 高空作业（2米及以上）, 电力高电压作业, 森林砍伐作业, 化工、有毒及危险物质生产运输, 水上运输, 机械设备制造加工操作, 金属/合金冶炼操作, 海洋、特种养殖作业, 救灾抢险、消防爆破、缉毒及防爆警察, 潜水, 拳击或足球职业运动员, 货车司机、建筑工人或海外务工人员以及其他《锦泰财险人身意外伤害保险职业分类表》中规定的4~7类职业。

4. 被保险人在同一保险期间的锦泰保险个人意外伤害保险保单, 累计主险保额不得超过100万元; 被保险人在同一保险期间的各保险公司意外伤害保险产品（包括航意险、各类交通意外险等）, 累计主险保额不能超过300万元。

请确认被保险人是否符合投保条件： | 符合条件 | 不符合条件

图2-7 某意外险产品健康告知

从图 2-7 我们可以发现，意外险的健康告知问的基本都是非常严重的重大疾病史，除了高血压 2 级以外，其实很少有轻微的疾病，所以大部分消费者都能通过健康告知。另外有一些意外险还会问及是否购买超过某某保额的其他意外险，如果超过太多，也不能购买该产品，在图 2-7 展示的产品中，超过 300 万元就不能购买。

在购买意外险的时候一定要注意意外险对职业有严格的要求，一般的普通意外险只承保 1～3 类的职业，4 类及 4 类以上的职业 [⊖] 就不承保了，如果这样的职业想购买意外险，就需要购买一些特殊的意外险。不同意外险对于职业的划分会有一些差别，建议在购买前仔细核对自己的职业等级。表 2-9 为某意外险对建筑工程业的职业划分，读者可以参考对照。另外，现在大部分意外险都是线上购买，系统会自动识别消费者填报的职业是否符合要求，如果不符合，那么不允许付款，这样也是防止消费者在购买保险时填错而被拒赔。

表2-9 某意外险对建筑工程业的职业划分（部分）

大分类		中分类		小分类		职业类别
7	建筑工程业	701	建筑公司（土木工程）	70101	一般工作人员	1
				70102	建筑设计人员	1
				70103	现场技术检查员	3
				建筑工人		
				70104	领班	3
				70105	模板工	4

⊖ 根据保险公司的职业分类，1～3 类职业为低风险职业，4 类职业为中风险职业，5～6 类职业为高风险职业。

（续）

大分类		中分类		小分类		职业类别
7	建筑工程业	701	建筑公司（土木工程）	70106	木匠（室内）	3
				70107	泥水匠	4
				70108	建筑工程车辆机械操作员	4
				70109	建筑工程车辆驾驶员	4
				70110	油漆工（室内）	4
				70111	水电工（室内）	4
				70112	钢骨结构工人	5
				70113	钢架架设工人	6
				70114	焊工（室内）	4
				70115	焊工（室外及高空）	5
				70116	楼宇拆除工人（无须用炸药）	6
				70117	楼宇拆除工人（需用炸药）	咨询总公司
				70118	安装玻璃幕墙工人扎铁工人	2
				70119	散工	2
				70120	推土机操作员	2
				70121	负责人（不亲自作业不在现场）	1

相比于意外险，定期寿险的健康告知就会严格一些，但是大部分消费者也都可以通过，图2-8为某定期寿险的健康告知。

被保险人健康告知

1. 被保险人是否患有或曾经患有或已经被告知有下列疾病:

恶性肿瘤（包括白血病、淋巴瘤、原位癌）、肺结节（Lung RADS 分级为 0、4、5、6 级*）、脑血管疾病、心脏病、心功能不全II级及以上、II 级及以上高血压（收缩压≥160mmHg和/或舒张压≥100mmHg）、糖尿病、冠心病、心肌梗塞、呼吸衰竭、肺心病、肝炎、肝硬化、慢性肾脏疾病、肾功能不全、再生障碍性贫血、癫痫、系统性红斑狼疮、性传播疾病、神经系统疾病、精神疾病、智力障碍、阿尔兹海默氏病（老年痴呆或早老年痴呆症）、帕金森氏病、重症肌无力、多发性硬化症、失明、瘫痪、先天性疾病、遗传性疾病；接受器官移植；身体畸形或残疾；艾滋病患者或艾滋病毒携带者；曾经或正在吸毒?
注释*: 肺结节：如果存在 Lung-RADs 评级结果为0级、4级、5级或6级，则不属于可保范围。

2. 被保险人过去两年内投保人寿保险或复效申请时是否被保险公司拒保、延期? 是否曾申请或获得癌症或重大疾病保险理赔?

3. 被保险人是否有危险嗜好或从事危险活动，如赛车、赛马、滑雪、攀岩、蹦极、潜水、跳水、拳击、武术、摔跤、探险或特技活动及其他高风险活动?

请确认被保险人健康情况是否符合投保条件: 有部分问题   确认无以上问题

图2-8 某定期寿险健康告知

可见，除了一些重大疾病以外，高血压二级、糖尿病这类比较常见的慢性病，也不能通过定期寿险的健康告知。另外定期寿险还多了两条健康告知：从事一些高风险活动，以及过去两年被其他人寿保险拒保、延期的记录都需要告知。虽然定期寿险的健康告知没有特别严格，但是消费者在购买的时候也一定要注意以上几点。

百万医疗险和重疾险的健康告知就会非常严格，这两类保险健康告知区别并不大，所以我们放在一起重点阐述。图 2-9 为某重疾险的健康告知。

被保险人健康告知

1. 您的人寿、重疾或防癌产品投保申请或保单复效是否被保险公司拒保、延期、加收额外承保费或剔加条件承保？是否曾经申请过重大疾病保险、恶性肿瘤保险理赔？

2. 您近一年是否在其他保险公司投保重疾险（含定额给付型防癌保险）（不含本次投保）累计投保保额超过100万元？

3. 最近两年内是否因健康异常发生过连续服药20天、住院（连续7天以上）或手术、或由体检医师或医生给您提出住院或手术的建议？被保险人体格指数（BMI=体重（公斤）÷身高（米）的平方）被保险人：16周岁以上BMI是否小于17，或大于30？16周岁以下BMI是否小于14或大于30？

4. 您是否目前患有或曾经患有下列疾病或症状：

(1) 肿瘤相关疾病：恶性肿瘤、原位癌、白血病、淋巴癌、脑部肿瘤、类癌、交界性肿瘤，交界恶性肿瘤，低度恶性潜能肿瘤，潜在低度恶性肿瘤、不典型增生、肠上皮化生、性质不明的肿块、结节、占位病变、息肉、囊肿，黑痣破溃或近期增大，包括甲状腺结节、乳腺结节、肺结节或阴影或癌变倾向。(2) 循环系统疾病：高血压（收缩压＞140mmHg或舒张压＞90mmHg）、冠心病、心绞痛、心肌梗塞、风湿性心脏病、肺源性心脏病、心律失常、心功能不全、心脏瓣膜疾病、心肌病、心包疾病、室壁瘤、心肌病、主动脉夹病、先天性心脏病；呼吸衰竭、慢性支气管炎、肺气肿、慢性阻塞性肺病、肺动脉高压、哮喘、肺结核、肺栓塞、慢性肺病、肺纤维化。(3) 神经系统及精神疾病：脑瘤塞、脑出血、脑血管畸形、脑内血管瘤、脑内血管瘤、脑炎、脑膜炎、脑积水、脑损伤、蛛网膜下腔出血、脑内血管畸形、脑内血管瘤、脑炎、脑膜炎、脑积水、脑损伤、蛛网膜下腔出血、多发性硬化、肌营养不良、肌无力、运动神经元病、癫痫、脑瘫、癫痫、帕金森症、痴呆、精神分裂症、人格障碍、精神抑郁、精神障碍等。(4) 内分泌系统、免疫系统疾病：糖尿病、空腹血糖异常、餐后血糖异常、痛风、高尿酸血症、甲状腺功能亢进、甲状腺功能减退、甲状旁腺功能异常、高脂血症、自身免疫功能紊乱诱发、甲状腺功能增多症、嗜铬细胞瘤、类风湿性关节炎、风湿热、干燥综合征、混合性结缔组织病、红斑狼疮、系统性硬化病（硬皮病）、强直性脊柱炎。(5) 血液、淋巴系统疾病：贫血、白血病、血友病、紫癜、脾大、再生障碍性贫血、骨髓增生性疾病、凝血功能障碍、坏血、象皮病。(6) 消化系统疾病：慢性乙型肝炎、乙肝表面抗原阳性携带者、丙型肝炎、酒精性肝炎、肝硬化、肝功能失代偿、多囊肝、肝豆状核变性、慢性萎缩性胃炎、克隆病（克罗恩病）、溃疡性结肠炎、肠梗阻、肠瘘、胰腺炎、肝功道梗阻等。(7) 泌尿系统疾病：慢性肾炎、肾病综合征、肾盂肾炎、肾功能不全、肾衰竭、尿毒症（终末期肾病）、多囊肾、肾萎缩、肾病、肾小球疾病、肾病综合征等。(8) 皮肤、肢体、五官疾病：深Ⅱ度或Ⅲ度烧伤、骨结髓、骨坏死、坏死性筋膜炎、严重骨质疏松、青光眼、高度近视（1000度以上）、视神经或视网膜病变、白内障、失明、听力下降或失聪、语言障碍。(9) 器官移植或造血干细胞移植、残疾、昏迷、植物人状态、智能障碍、先天性疾病、遗传性疾病、慢性中毒、性病、艾滋病或艾滋病病携带、毒品或违禁药品使用史等。

5. 您是否近半年有以下症状？

反复头痛或眩晕、晕厥、咯血、胸痛、呼吸困难、呕血、黄疸、便血、血尿、蛋白尿、听力下降、耳鸣、复视、视力明显下降、原因不明的皮肤和粘膜及齿龈出血、原因不明发热、原因不明的肌肉萎缩、未明确为良性的包块、肿物、息肉或结节，原因不明的3个月内重减轻五公斤以上。

6. 过去两年内您是否存在以下一项或几项检查结果异常，且被建议门诊就诊、住院、手术或进一步检查：血脂检查（白细胞、血小板、血红蛋白、血糖、糖化血红蛋白、肝功能、肾功能、甲状腺功能）、心电图、脑电图、尿常规、心脏彩超、血管造影、X线检查、CT、核磁共振、细胞检查、病理检查，内窥镜检查、眼底检查、肿瘤标志物？

7. 两周岁以下（含两周岁）儿童补充告知：是否早产、难产？出生体重是＜2.5kg、孕周＜37周？出生时是否曾有产伤、窒息、颅内出血等异常情况？是否有发育迟缓、惊厥、抽搐、腭裂、畸形、缺陷、运动障碍或智力低下？

8. 被保险人是否怀孕满28周，或存在妊娠期并发症？或是否有乳腺包块、肿块或结节、血性溢乳、阴道不规律出血、重度宫颈炎、TCT结果异常（宫颈液基细胞学检查）、多囊卵巢综合征或HPV阳性？

9. 下述情况，仍可正常投保：顺产、人工流产（无后遗症）、感冒、鼻炎、鼻窦炎、龋齿、急性咽喉炎、急性扁桃体炎、上呼吸道感染、急性支气管炎、急性胃肠炎、阑尾炎、胆囊炎、痔疮、包皮环切、四肢骨折已康复、皮肤外伤。

10. 是否有长期饮酒且平均每天饮白酒超过半斤，或啤酒超过1250ml？或长期吸烟，或每天吸烟超过三十支，且被医师提出戒酒或戒烟的建议或警示？是否有成瘾性药物或毒品接触史？是否从事拳击、潜水、摔跤、赛车、赛马、高山滑雪、跳伞、飞行相关运动或赛事？

请您确认上述问题的答案： | 部分为是 | | 以上全否 |

图2-9 某重疾险健康告知

一般疾病类保险的健康告知主要分为五大项，我们下面一项一项重点阐述。

第一项主要是询问曾经是否有被其他同类型保险非标准体承保的记录或者是理赔记录，以及是否购买同类保险超过某某保额。有的产品会把这两个问题放一起询问，但有的产品会分开询问，不过询问的内容都类似。

第一个询问，是否有被其他同类型保险非标准体承保或者是理赔记录，如果有过这样的历史记录，就一定要告知，没有的情况下就说明符合健康告知要求。这里说的非标准体承保问题，后文会详细介绍，这里暂时先不做赘述。第二个询问主要是针对重疾险而言，不同产品要求的上限保额不太一样，一般互联网保险产品的要求会低一些，一般在100万元。而一些线下保险产品上限保额就会高一些，有的甚至是没有要求。

对于第一项的健康告知，第一次购买保险的消费者都可以顺利通过，只有已经购买过保险或者已经理赔过的消费者要额外注意。

第二项一般询问的都是目前或者曾经是否患有的疾病。这一项是健康告知部分容易忽略的重灾区，可以说如果忽略了健康告知的内容，基本都是在这项里面，所以这一项的健康告知事项我们会详细介绍一下。

在这个项目的告知中，一定要注意时间的概念，健康告知问的是目前或者曾经是否患有，那么这个时间就非常宽泛，我们要仔细核对这个里面的内容，原来罹患过的疾病哪怕现在已经痊愈了，都是要进行告知的。但是这个问题在实际投保中就会出现一个矛盾，万一是很小的时候出现的问题，我都已经忘记了怎么办呢？或者是几年前发现的问题，我也不记得具体情况了怎么办呢？其实没有特别好的办法，只能是尽可能回忆或者是找记录。

我根据多年咨询情况为读者提供一些建议。首先把这个项目询问的疾病分成五大类，分别是彩超类、慢性病类、精神类、大病类以及先天性疾病类。其次，我们会发现后两类其实不太容易被忽略，哪怕是小时候得的病，如果特别严重我们一定会记得，像先天性疾病，如果检查过，我们一般也会记得。所以这两类情况我们基本上不太会漏掉。最容易忽略的就是前三类，因为这些问题对我们的生活影响不大，一般我们也不会注意，所以我们需要重点关注的是这三类异常情况。

第一类，彩超类。这个类目是我们经常忽略的地方，我们一定要回想一下是否做过相关部位的彩超，如果有的话，一定要试着去找到原有报告，如果真的找不到，又记得自己做过的话，就只能重新做一遍。一般彩超出现问题最多的部位是甲状腺、乳腺以及肺部，这三个地方最容易发现结节或者是囊肿。

第二类，慢性病类。这个里面我们最容易忽略的就是高血压、糖尿病、甲状腺功能异常、肝功能异常、胃炎等问题，这几点如果有异常那么一定要认真核对。

第三类，精神类。由于学习、工作或者生活的压力，现在很多人都会出现抑郁、焦虑等问题，即使有的时候只是轻微的情况，我们的病历本上可能也写了抑郁症，那么如果有这样的记录就一定要告知。有时候因为精神类的疾病是很多消费者难以启齿的，所以也是比较容易忽略的地方。

以上是我根据实际经验给出的一些建议，仅供参考。在健康告知时，一定要认真核对里面的所有内容。

第三项询问的问题是让很多消费者买不了重疾险和百万医疗险的主要原因。这个项目里面，一般会问两个问题。第一个是一年或者两年内是否有检查异常，这个检查异常写得又非常详细。在我众多咨询用户中，检查没有任何异常的用户非常少。我建议大家不要轻易去做体检的原因，就是这项健康告知。但也不用太担心，不是说检查有异常就不能买保险，后面我们会详细说这个问题。第二个询问的问题一般是一年或者是两年内的就医行为，这个问题大家基本都不会忘记，最容易忘记的就是我们刚刚说到的体检异常。

上面举例的这个产品健康告知比较严格，有部分重疾险不问检查异常，只问就医行为。但在实际的生活中，有一些不良的从业人员会利用这一点，明明自己售卖的产品询问了检查异常问题，但他会忽悠消费者说没有询问，只要是两年内没有住院即可，而消费者又不愿意多看健康告知，觉得自己没有问题就可以了，结果就出现了大量的理赔纠纷，大部分的理赔纠纷都是由于不严谨的健康告知导致的。我这里的建议是，宁可不买这份保险，也要把健康告知做完善，不然最后损失最大的是消费者自己。

以上三项健康告知是针对所有人的，而后面的两项健康告知主要是针对不同人群的补充健康告知。

第四项主要是针对儿童的补充健康告知。一般会针对两周岁以下的儿童进行补充，如体重是否达标，出生时是否有早产、难产、窒息、缺氧等情况。如果已经超过了两周岁，那么就不需要做补充告知。如果没有到两周岁，就要如实做告知。

第五项主要是针对女性的补充健康告知。主要分为两个部分：一部分针对怀孕方面，如果怀孕超过 28 周，一般是不能购买的；另一部分针对妇科的一些异常，如果有的话，也要进行告知。

有的产品还会有第六项、第七项等，或者询问的顺序不一样，但是基本上问的内容是差不多的。一般比较严格的还有对于职业的要求、对于体重指数（BMI）的要求等。我们根据具体询问的情况进行告知即可。

到这里，健康告知询问的问题就已经讲完了，可能很多读者已经灰心了，健康告知问得这么严格，那怎么可能通过呢？这份保险能顺利买成吗？下面这个小节我们就会详细阐述这个问题。

如果不符合健康告知应该怎么办

在购买保险的时候，50% 以上的消费者是不符合健康告知的，那么不符合就不能购买吗？当然不是。如果不符合健康告知，我们只需要告知保险公司不符合的部分，保险公司会针对我们的情况进行核保，然后出具核保结果。

1. 核保方式

目前核保最常用到的方式有三种，分别是智能核保、邮件核保以及人工核保。不同产品使用的核保方式都不一样，有的产品可以使用三种，有的只能使用其中的一种。所以我们在选择保险产品时，也要注意保险产品提供的核保方式。

（1）智能核保

保险公司会把一些最为常见的身体异常做成一个数据库，当输入某一种身体异常数据后，就会出现对应的核保结果，如图 2-10 所示。

图2-10 某产品智能核保页面

智能核保最大的优势主要有以下两个。

第一个优势是不会出现拒保记录。要说明白这个问题，我们先要简单阐述一下核保的流程。一般的核保流程是我们填写完个人信息后，如果不符合健康告知的要求，需要按照保险公司的要求提供病历资料，保险公司进行核保，那么一旦拒保就会存在拒保记录。而智能核保的流程并不是这样的，智能核保本身就是一个数据库，我们可以先进行智能核保，如果不能通过，可以不填写个人信息，也不会出现核保记录。简单来说，智能核保是先核保再填写个人信息，而其他核保方式是必须先填写个人信息之后，才能进行核保，这个核保结果谁也不会预先知道，所以一旦结果出来，就会产生记录。所以我建议消费者，如果一款产品可以用智能核保，尽可能用智能核保先试试。

第二个优势是快捷。智能核保是基于数据库的一问一答，所以很快就可以得出核保结果。而其他核保方式都需要递交资料，快则一天，慢就不知道多长时间了。

智能核保也有劣势，它不会像其他核保方式那么灵活，毕竟数据库的东西是"死"的，人才是"活"的。在现实投保中，我们经常会遇见一些在智能核保数据库中找不到的情况，也会出现智能核保问题不太符合的情况，这个时候就不能用智能核保，必须要用其他核保方式。

（2）邮件核保

邮件核保是通过电子邮件的方式，把相关的病历信息发送给保险公司，然后保险公司根据实际情况给出核保结果。邮件核保需要填写部分信息，但是并没有生成投保单号，一般情况下只在核保公司存在记录，在其他公司不会存在核保记录。不过这个也要以保险公司的具体产品为准，因为有的产品邮件核保会有记录。

邮件核保的优势主要体现在核保结果可能不留存记录以及更加灵活一些。但是劣势是速度相对智能核保更慢一些。

（3）人工核保

在健康告知异常没有办法用到智能核保和邮件核保的情况下，就会走人工核保。人工核保一般分线上和线下两种，前者是在线上把核保资料提供给保险公司，后者是通过邮寄的方式把资料提供给保险公司，但是本质都一样，主要是看我们购买的产品支持哪一种方式。

人工核保相对其他两种核保方式来说比较传统。虽然在核保记录和速度上有一些劣势，但也不是完全没有优势，其优势体现在核保支持的病情更为宽泛，所有的情况都可以用人工核保，它的适用范围是最广的。

综上所述，如果一个产品支持三种核保方式，那一定是最好的。但是如果只支持一种或者两种，那就要根据具体的身体异常情况来综合考虑了。在实际投保过程中，我们还经常会出现同时用到两种核保方式的情况。

如果是简单问题能通过智能核保的，那么一定要选择有智能核保方式的产品；如果没有智能核保，那么优先考虑邮件核保，顺便还要问问有没有核保记录；如果特别想买一份保险，但智能核保和邮件核保都不能用，我们再通过人工核保。而在人工核保这个问题上，还有一个小窍门。

有一些保险公司会有人工核保预核保，简单来说就是不需要填写个人信息，我们直接把资料提供给保险公司，然后保险公司给一个预核保的结果，这个结果是没有记录的。如果通过了，我们就可以正式提出人工核保，如果不能通过，我们可以再试试其他公司。但是在实际投保中能遇到预核保的概率并不高，而且还有很多保险从业人员用假的预核保来欺骗消费者，这也是需要我们注意的地方。

2. 核保结果

说完核保的方式，下面我们再来说说核保的结果，保险公司收到我们提供的信息以后，会给出不同情况的核保结果，分别是标准体承保、除外承保、加费承保、拒保以及延期承保。现在一些产品为了抢占市场，还推出优等体承保，下面分别介绍一下。

标准体承保。这就是我们经常说的正常通过健康告知，也是我们最期待的核保结果，保障内容和保费都是按照正常的标准计算。

除外承保。除外承保指的是某一种情况除外，其他责任正常承保。这个在甲状腺或者乳腺部位经常会用到，比如患有甲状腺结节 3 级，很多重疾险的核保结果都是甲状腺除外承保，其他部位都正常承保。也就是说日后甲状腺发生病变，保险公司是不予理赔的，但是其他部位发生风险，都可以正常理赔。这种核保结果在实际投保过程中非常常见。

加费承保。加费承保指的是在我们基本保费的基础上增加一定的费用，比如基本保费是 1000 元，需要增加到 1300 元。这种情况在实际投保中会经常出现，如果在预算范围内，也是可以接受的。

拒保。我们最不希望看到的结果，就是保险公司拒绝承保。

延期承保。一般是身体有一些异常但需要观察一段时间，保险公司可能会给出延期承保，等过了一段时间异常恢复了，保险公司就可以正常承保。

优等体承保。这类承保结果主要是在标准体承保的基础上减少了保费，很多保险产品为了增加市场竞争力，会用两个费率。如果被保险人的情况达到了优等体，就可以享受一个优惠的费率。不过这类并不常见，只有在部分产品上才会有。

核保结果并没有统一的标准，不同公司对于同一种问题，给出的核保结果也是完全不一样的。比如同样是肺结节问题，有的产品就会给出拒保的结果，但是有的产品就会给出加费承保的结果，甚至有的产品会给出除外承保的结果。所以在选择产品的时候，预先知道我们要投保的产品给出的核保结果是非常重要的，这是我们选择产品时非常重要的一个因素。比如在选择重疾险时，有一款产品给出的是加费承保，有一款产品给出的是除外承保，那么如果在预算范围内，一定要优先选择加费承保的那一款产品。在我们自己不了解核保流程的情况下，选择一个对核保流程非常了解的代理人其实是一件非常重要的事情。

最后我们简单总结下这一小节的主要内容。

- 保险公司的核保方式主要有三种，分别是智能核保、邮件核保以及人工核保。

- 保险公司的核保结果主要有五种，分别是标准体承保、除外承保、加费承保、拒保以及延期承保。

实际投保中最常遇到的三个健康告知问题

在实际购买保险的过程中，健康告知有三个问题是我们经常遇到的，所以这个小节单独来讲一下这三个问题。

问题一：已经购买了保险，但是没有做健康告知怎么办？

上文中我们详细阐述了健康告知的重要性以及如何进行健康告知，相信很多读者朋友也都学会了。但是在实际生活中，很多消费者其实不知道买保险是需要健康告知的，或者是健康告知做得不完善，而这些消费者已经购买了保险，那么还有什么补救措施吗？有，就是补充告知。

补充告知是我们购买保险后，发现当时购买保险的时候自己的健康告知不完善，可以向保险公司重新提交核保，然后由保险公司做出承保决定。一般补充告知都是人工核保，需要我们和保险公司的客服人员沟通，按照要求提交资料。

补充告知的核保结果和正常健康告知的核保结果大致一样，基本是四种情况：标准体承保、除外承保、加费承保以及拒保。但是补充告知的拒保会有一个问题：保险公司已经承保了一段时间，保费会怎么处理呢？一般情况下，保费会退回一部分或者是全部，退回多少要根据具体情况而定。

在实际生活中，一部分消费者不太确定自己的健康告知做得是否完善，在学习了本书的内容后，知道了健康告知的重要性，所以想把健康告知再严谨地核对一遍怎么办？我们可以把保险合同找出来；一般在保险合同的最后面，会有我们投保时健康告知的详细资料，如图 2-11 所示。

■ 健康、财务及其他告知事项

事项	被保险人
1. 您最近2年内是否因健康异常住院或手术，或被医师提出过住院或手术建议？或因其它慢性疾病需要长期（一个月以上）服药控制或手术治疗？近2年内是否接受过以下检查或检验且结果异常：血常规（白细胞、红细胞、血红蛋白、血小板异常）、空腹血糖、糖化血红蛋白、肝功能、肾功能、甲状腺功能、尿常规、心电图、X线、B超、超声心动图、CT、核磁共振、脑电图、肌电图、内窥镜、肿瘤标记物、病理活检、宫颈TCT检查、眼底检查等？（以上情况不包括鼻炎、鼻窦炎、鼻中隔偏曲、龋齿、结膜炎、眼部异物已康复、咽喉炎、扁桃体炎、感冒、上呼吸道感染、急性支气管炎、肺炎、阑尾炎、四肢骨折已康复、急性胃炎、急性肠炎、胆囊炎、胆囊结石、脂肪瘤、痔疮、肛瘘、无并发症的剖腹产、顺产已出院、生理性黄疸治愈后）。	是□ 否√
2. 您近6个月内是否存在以下症状或情况：反复头晕、头痛、眩晕、晕厥、咯血、胸闷、胸痛、心慌、肝区痛疼不适、血尿、蛋白尿、便血、肌肉萎缩、复视、消瘦（非减肥或妊娠原因，3个月内体重下降超过5公斤），原因不明的持续发热/皮下出血/声音嘶哑/听力下降？	是□ 否√
3、您目前或曾经是否患有下列疾病或存在下列情况：	
A. 肿瘤相关疾病：恶性肿瘤、良性肿瘤（不含子宫肌瘤、乳腺纤维瘤、皮肤良性肿瘤、脂肪瘤、血管瘤）、原位癌、癌前病变、类癌、黑痣破溃或明显增大、不明原因淋巴结肿大、性质不明的息肉、赘生物、结节、囊肿、肿块、占位或包块，包括甲状腺结节、乳腺结节、肺结节。	是□ 否√
B. 循环系统、呼吸系统疾病：高血压（收缩压＞150mmHg或舒张压＞100mmHg）、冠心病、心绞痛、心肌梗塞、心律失常（房早，偶发室早除外）、心功能不全、心脏瓣膜疾病、肺动脉高压、肺心病、川崎病（未累及冠状动脉异常的除外）、周围血管病、心肌病、心包疾病、室壁瘤、心内膜炎、主动脉疾病、先天性心脏病、冠状动脉搭桥、心脏介入或微创治疗；哮喘（中度及以上）、呼吸衰竭、肺淋巴管肌瘤病、肺泡蛋白沉积、肺栓塞、阻塞性睡眠窒息症、尘肺、慢性支气管炎、慢性阻塞性肺疾病、肺气肿、肺结核（未愈）、胸腔积液。	是□ 否√

图2-11　保险合同健康告知页面

我们可以按照合同中的健康告知一一核对，但是要注意一点，核对的身体情况是在我们投保之前的身体情况，而非现在的身体情况。

在健康告知中，还有一部分消费者有这样的担心：自己身体有异常，已经告知了保险从业人员，但不确定他是否真的告知了保险公司，一旦保险从业人员隐瞒了，那么日后如果发生理赔纠纷怎么办呢？依然是看合同，如果身体情况有不符合健康告知的内容，那么保险公司一定会在合同中明确标明，具体核保结果也都会明确写在保险合同中，如图 2-12 所示。

1.本保险不接受职业范围属于矿工、采石工、采砂工、爆破工、高压电工程设施人员、海洋船员、潜水员、火药炸药制造及处理人、特技演员、驯兽师、防暴警察、特种兵、战地记者的被保险人投保，若投保人未履行如实告知义务，本公司有权解除本合同且不承担给付保险金的责任。
2.本保险每次费率调整情况将在本公司官方网站的“长期医疗保险”子栏目中公示，公示满30日起开始执行。本公司会将费率调整原因和调整后的费率情况在公示同时，通过但不限于销售渠道或平台app通知投保人。
3.本合同的现金价值金额按下列两种方式中的一种进行计算：
1）年缴方式
现金价值金额=本合同的当期年度保险费×(1-n/m)，其中，n指从对该被保险人的保险期间生效之日至终止之日实际经过的天数，m指当年实际天数，经过天数不足一天按一天算。
2）月缴方式
现金价值金额=本合同的当期月度保险费×(1-n/m)，其中，n指当月实际经过天数，m为当月实际天数。经过天数不足一天按一天计算。
4.若您申请解除《人保健康悠优保互联网医疗保险（费率可调）》，则本计划内《人保健康金福至臻互联网重大疾病保险》将同时解除。

除外：乳房肿块或结节、乳房良性肿瘤引起的治疗
除外：甲状腺功能亢进、甲状腺功能减退、甲状腺良性肿瘤、轻度甲状腺癌（轻度甲状腺癌是指未发生远处转移的乳头状甲状腺癌和滤泡状甲状腺癌，远处转移是指肿瘤TNM分期中M分期为M1的情况）

图2-12　健康告知除外投保告知

通过以上介绍，我们会发现保险是极其严谨的产品，每一种情况都会明确写在保险合同里面，所以消费者一定要以保险合同为准。

问题二：医保卡有借给别人使用过的情况，健康告知可以通过吗?

在健康告知中，还有一个实际的问题困扰着很多消费者，就是医保卡外借给别人使用过的情况。前面简单阐述了如果有医保卡外借的情况，可能会导致不能通过健康告知，这里就详细阐述一下具体的原因。

我们的医保卡属于实名制，所以保险公司日后查医保卡就诊记录的时候一定是查被保险人本人的医保卡信息，但可能会出现医保卡外借给他人使用的情况，而我们自己的身体是没有任何问题的。这个时候消费者和保险公司就会出现争议点，到底以哪个为准? 现在大部分保险公司以医保卡记录为准，不管是本人的真实问题，还是外借给他人使用的情况，保险公司都会认为是本人的情况。

有过医保卡外借的消费者，在投保的时候就面临一个非常严肃的问题，就是要回想一下自己的医保卡有没有给他人使用过。关于医保卡外借的情况，也分几种：第一种是只在药店买过药，第二种是在医院买过药，第三种是在医院挂过号，第四种是在医院治疗过。在现实生活中，第四种很少见，毕竟借医保卡在医院治疗，一般医院也是不会同意的，但是前三种情况会经常出现。

不同保险公司的不同产品对医保卡外借的核保都会不同，目前大部分公司没有这项核保流程，也就是不接受医保卡外借的核保，要不然就是直接不接受投保，要不然就会按照医保卡记录的病情进行核保。有一小部分公司会对医保卡外借在药店买药的情况给予核保流程，我们需要提供具体买药的细节以及自证体检报告等，但是这种情况也只是针对一些比较好区分的疾病，像高血压等问题依然是不接受核保。

医保卡外借导致不能承保是很多消费者不太能接受的，明明自己没有问题，保险公司凭什么不给承保？简单来说，保险公司不想在核实健康告知时浪费太多的时间和精力，同时想规避一些骗保行为。换个思路想，如果放开了医保卡外借的核保，有一些人明明是自己的问题，却说是医保卡外借的情况，保险公司如果都要核查，那么运营成本就太高了。所以现在从市场信息来看，保险公司还是持稳健以及不想处理复杂问题的态度。

基于这样的原因，很多消费者可能还会有疑问，如果不告知医保卡外借，就直接投保，日后会发生理赔纠纷吗？这个事情没有办法确定，虽然以我的经验还没有发现因为医保卡外借拒赔的案例，但是因为医保卡外借发生的理赔纠纷确实很多，虽然最后往往是消费者胜诉，但是医保卡外借在实际理赔中确实给我们增加了许多烦恼。所以，这里提醒各位读者朋友，如果准备购买保险，尽可能还是不要外借医保卡给他人使用。

问题三：听说买了保险以后，只要熬过两年就可以顺利理赔，是真的吗？

很多消费者在购买保险时，可能听过保险从业人员这么介绍：现在身体有问题没有关系，不告知也可以，只要是过了两年，那么保险公司就一定会理赔。而且他还会列出这么说的具体依据，就是《中华人民共和国保险法》（以下简称《保险法》）第十六条规定。消费者虽然觉得可能不太踏实，但是《保险法》毕竟都这么说了，而且自己身体又没有什么大问题，肯定能理赔，最起码过了两年以后肯定能理赔。

上面涉及的两年不可抗辩条款在保险行业是像"谜"一样的存在。有人说两年不可抗辩条款是真的可以理赔，我就是没有做健康告知，最后熬过两年保险公司给赔付了。有人说不行，这个就是隐瞒健康告知，日后会拒赔的。那么到底哪种情况是真的？这个部分就详细解读一下这个"谜"一样的存在。

我们先来看一下《保险法》第十六条原文是怎么阐述的，如图 2-13

所示。

第十六条 订立保险合同，保险人就保险标的或者被保险人的有关情况提出询问的，投保人应当如实告知。

投保人故意或者因重大过失未履行前款规定的如实告知义务，足以影响保险人决定是否同意承保或者提高保险费率的，保险人有权解除合同。

前款规定的合同解除权，自保险人知道有解除事由之日起，超过三十日不行使而消灭。自合同成立之日起超过二年的，保险人不得解除合同；发生保险事故的，保险人应当承担赔偿或者给付保险金的责任。

投保人故意不履行如实告知义务的，保险人对于合同解除前发生的保险事故，不承担赔偿或者给付保险金的责任，并不退还保险费。

投保人因重大过失未履行如实告知义务，对保险事故的发生有严重影响的，保险人对于合同解除前发生的保险事故，不承担赔偿或者给付保险金的责任，但应当退还保险费。

保险人在合同订立时已经知道投保人未如实告知的情况的，保险人不得解除合同；发生保险事故的，保险人应当承担赔偿或者给付保险金的责任。

保险事故是指保险合同约定的保险责任范围内的事故。

图2-13 《保险法》第十六条

通过原文我们可以发现，所谓的过了两年可以理赔，就是依照"自合同成立之日起超过二年的，保险人不得解除合同；发生保险事故的，保险人应该承担赔偿或者给付保险金的责任"。如果不结合上下文，单独去看这句话，确实是熬过两年就可以理赔。如果结合上下文我们会发现，这个条件成立的前提是投保人必须先履行告知义务，如果没有如实告知，后面的所有条件都是不成立的。那么具体能否理赔呢？我结合多年的理赔经验得到的结论是，要具体案件具体分析，一切以判决结果为准。我整理了一些理赔判决案例，供大家参考（见表2-10）。

表2-10 涉及两年不可抗辩的保险理赔判决案例

案号	保险公司	保险产品	案由	保单生效时间	理赔申请	判决结果	判决理由
（2018）鲁13民终298号	新华人寿	医疗保险	慢性肾功能不全、狼疮性肾炎未告知	2年外	狼疮性肾炎	赔付	两年不可抗辩

（续）

案号	保险公司	保险产品	案由	保单生效时间	理赔申请	判决结果	判决理由
（2018）苏07民终4047号	东吴人寿	人寿保险	没有告知官颈癌	2年内	肺癌身故	拒赔	合同成立之前已发生了与涉案保险事故有直接因果关系的事实
（2018）鄂06民终2152号	平安人寿	医疗保险	曾患有霍奇金淋巴瘤	2年外	治疗霍奇金淋巴瘤	拒赔	未如实告知
（2019）黑12民终106号	合众人寿	人寿保险	货车司机职业不符	2年外	驾驶货车身故	赔付	两年不可抗辩
（2018）桂02民终3187号	中国人寿	重疾险	就左股骨软骨肉瘤进行多次化疗	2年外	下肢恶性肿瘤	拒赔	不符合规定的首次重大疾病

资料来源：中国裁判文书网。

通过上面的案例我们可以清晰地发现，根据两年不可抗辩条款有成功赔付的案件，也有失败的案件。也就是说，具体能否赔付，最终看的依然是法院的判决。

如果想用到两年不可抗辩，必须走法律的程序，并要做好被拒赔的准备。我的建议是，消费者在购买保险前，一定按照保险公司的要求如实告知，但是如果发生理赔纠纷也不用担心，可以上诉争取自己的合法权益，两年不可抗辩可以维护我们的权益，但是切记它并非"尚方宝剑"。

最后总结一下这一小节的主要内容。

- 在投保时没有按要求完成健康告知，日后是可以补充健康告知的。

- 医保卡不要外借给他人使用，以免买保险时造成理赔纠纷。
- 两年不可抗辩并不是"尚方宝剑"，是否理赔依然要看法院的最终判决。

投保人、被保险人以及受益人应该怎么设定

我们在投保过程中，可能会遇到一个问题，即投保人、被保险人以及受益人都应该怎么设定。一些消费者有一些基础知识，知道投保人和被保险人的关系必须是直系亲属，而有一些消费者并不知道，买了很多年以后才发现两者并不具备可保利益，比如儿媳妇给婆婆买保险，就是不具备可保利益的。受益人的设定更让很多消费者纠结了，是指定好还是法定好呢？这个小节就重点阐述一下投保人、被保险人以及受益人应该如何设定。

投保人，即交钱的那个人。一般超过 18 周岁的人才可以作为投保人。被保险人，就是这份保险保障的那个人，不同的产品有不同的限制。投保人和被保险人的关系，大部分保险规定都是直系亲属才行，这里指的直系亲属是父母、配偶、子女。也有部分产品爷爷奶奶可以给孙子和孙女购买，这属于极特殊情况。

在投保人和被保险人设定方面，消费者最容易进入的误区是儿媳妇给婆婆或者公公投保，女婿给岳父或者岳母投保，兄弟姐妹之间投保，姑姑或者叔叔给侄子侄女投保等，这些都不符合投保规则。很多消费者会疑惑，为什么以这样的关系设定投保的保险，保险公司依然正常承保了呢？这和前面介绍的健康告知一样，我们在投保时，保险公司不会审核这个问题，但是到理赔的时候，就会重点审查了。当然，这种错误投保保险公司也负有很大的责任，尤其是现在某一些互联网公司，根本没有相关的审核流程。

如果以不符合投保关系的方式投保，那么要尽快更改。无论是通过电话还是网络的方式，投保人都是随时可以变更的，只要符合年龄要求即可。

投保人和被保险人的设定相对简单，只有在一些复杂的家庭财务规划中，才需要根据不同情况，来慎重选择投保人和被保险人。通过投保人和被保险人的不同设定，有可能规避一些债务问题。我们下面通过两个例子来进行解释。

案例一：有可能规避企业债务。

在我的咨询案例中，有这样一则案例。男性是企业的老板，女性是家庭主妇。他们担心日后企业破产可能导致家庭财务出现问题，想用保险建立一层防火墙。投保的方案是女性作为投保人，孩子作为被保险人，女性作为受益人，投保一份增额寿险。日后如果企业真的发生债务问题，需要用家庭财产偿还的时候，法院可能就不会判决这个保险执行退保，因为这样会伤害到投保人和被保险人的利益。当然，在这名女性购买保险之前，企业是没有任何问题的，保费也合规合法。

我在这里用的是"可能"，因为无论是保险还是法律，在实际的案例中，影响因素非常多，我们不能以某一个案件结果来作为标准，以上案例仅供参考。

案例二：有可能规避个人财产分割。

在我的咨询案例中，还有这样一则案例。男女双方在婚姻存续期间，女性给自己购买了一份重疾险。如果日后男女双方离婚，法院进行分割财产判决的时候，一般也不会强制女性退保这份重疾险，因为会伤害到被保险人的利益。

通过以上这两则案例可以发现，投保人和被保险人的设定关系到日后财产损失的问题。不过因为法律案件在判决时会受多因素的影响，保险只是其中的一个因素，所以实际情况还要以具体判决为准。

说完投保人和被保险人的设定，我们再来讲述最为复杂的受益人设定，这是在实际投保过程中，很多消费者最为头疼的事情。

根据不同的产品，受益人一般分为三种，分别是疾病受益人、身故受益人和生存受益人。

疾病受益人。疾病受益人主要是指医疗类保险和重疾险中的受益人，这个受益人一般不能指定，所以很多消费者会疑惑，如果罹患疾病，这个钱赔给谁。根据保险合同，疾病类保险的受益人默认都是被保险人自己。有一部分重疾险是带有身故责任的，里面也会有受益人的设定，但是那个受益人设定指的是身故受益人，并不是疾病受益人。

身故受益人。这个主要是指带身故责任的保险里面的受益人，一般分为两种情况，指定受益人和法定受益人。指定受益人就是在投保的时候，可以直接指定直系亲属为身故受益人，不同的产品还有一些灵活的设定，比如身故受益人可以指定多个，也可以设定不同受益人的受益比例，还可以设定不同顺位。例如，一份保险的身故受益人第一顺位是大宝，第二顺位是二宝，如果发生理赔的时候，大宝还在，那么身故受益金就全部赔偿给大宝；如果发生理赔的时候，大宝已经身故，那么身故受益金就全部赔偿给二宝。这样设置的目的是以防被保险人和第一顺位继承人同时身故，没有指定受益人，赔偿金被当作遗产处置。一般情况下，人寿保险的身故受益人设定都比较灵活，而意外险有的就比较固定，默认只能是法定受益人。

法定受益人指的就是第一顺位继承人，我国规定的第一顺位继承人是父母、配偶、子女。假设小张同学买了一份意外险，保额是100万元，他身故时父母健在，还有老婆和一个宝宝，那么理赔时就是这四个人平均分配这笔赔偿金。

一般而言，指定受益人的好处大于法定受益人，因为设定更加灵活，每一份保险最终的受益人是谁，都可以在投保时就设定好。另外理赔的时候也会更加方便一些，如果是指定受益人，理赔时指定的受益人签字即可，而法定受益人理赔就必须所有人都进行签字。

身故受益人和投保人一样，消费者可以随时选择变更，现在很多保险公司都有自己的 App 或者微信公众号，直接在上面就可以变更，非常方便。对于已经买了保险没有指定受益人的消费者，可以尝试将身故受益人变更为指定受益人。

生存受益人。这里主要涉及的是两全保险和年金险，生存受益人就是日后领取生存受益金的人，而生存受益人和身故受益人可以不是一个人。举个例子，小张同学给宝宝买了一份年金险，生存受益人可以是宝宝，身故受益人可以是小张自己。而通过生存受益人和身故受益人不同的设定，也可以规避一些财产分割问题。

在我的咨询案例中，有这样一则案例。父亲在女儿婚前给女儿买了一份年金险，生存受益人为女儿，身故受益人为父亲自己。这么设定的原因是，父亲担心直接给女儿一笔钱以后，如果女儿和女婿离婚，这个钱可能会被分割一部分，而通过保险方式就不会。投保人是父亲，所以这张保单的一切控制权都在父亲这里，而生存受益人是女儿，只要女儿还活着，女儿就可以领到一笔钱，这笔钱也是分年领取，哪怕女儿和女婿离婚，最多也就是分走这一年的生存受益金。假设女儿不幸去世，那么身故受益人是父亲，女婿也得不到这笔钱。

在一些高净值家庭中，这样的规划可以说比比皆是，因为夫妻财产分割的问题，越来越多人开始注意日后的婚姻风险，所以在结婚前就会用一些工具提前规避掉。当然，保险只是诸多工具中的一种而已。

通过以上的学习，我们可以发现投保人、被保险人以及受益人的不同设定，最终产生的效果也完全不一样，所以我们在投保时一定要想清楚这三个"人"应该怎么设定。我们简单总结一下这一小节的主要内容。

- 投保人和受益人可以随时更改，满足保险产品的年龄要求即可。
- 疾病受益人一般默认是被保险人自己，而身故受益人分为指定受益人和法定受益人。
- 指定受益人会比法定受益人更加灵活，好处更多。
- 生存受益人一般在年金险和两全保险中才会出现。

保险公司到底会不会倒闭

很多消费者在买保险的时候，都会担心一个问题，就是如果保险公司倒闭了，自己的保险怎么办。很多保险都是保障到终身的，万一保险公司倒闭了，钱不就打水漂了吗？有这样担心的消费者绝对不在少数，所以本小节会从两个方面阐述这个问题。第一，保险公司会不会倒闭；第二，如果保险公司倒闭了，我们的保单怎么办。

我们先说结论，保险公司会倒闭，但是轻易倒闭不了。我们还是先看一下《保险法》是如何规定的，如图 2-14 所示。

第八十九条 保险公司因分立、合并需要解散，或者股东会、股东大会决议解散，或者公司章程规定的解散事由出现，经国务院保险监督管理机构批准后解散。

经营有人寿保险业务的保险公司，除因分立、合并或者被依法撤销外，不得解散。

保险公司解散，应当依法成立清算组进行清算。

第九十条 保险公司有《中华人民共和国企业破产法》第二条规定情形的，经国务院保险监督管理机构同意，保险公司或者其债权人可以依法向人民法院申请重整、和解或者破产清算；国务院保险监督管理机构也可以依法向人民法院申请对该保险公司进行重整或者破产清算。

图2-14　《保险法》第八十九条及第九十条

根据《保险法》第八十九条，保险公司如果想解散，必须经过国务院保险监督管理机构的批准。而经营人寿保险业务的保险公司，除了因分立、合并或者被依法撤销外，是不能解散的。

简单来说就是纯正的财产险公司可以解散，但是必须经过国家相关机构同意。经营有人寿业务的保险公司的解散，必须是因分立、合并或者被依法撤销。如何更好地理解"分立、合并或者被依法撤销"呢？有一个案例能完美地解答这个问题。

2018年安邦保险集团因为股东事项出现问题。随后中国银保监会出手实施接管，中国保险保障基金有限责任公司联合其他公司成立了后来的大家保险集团，安邦保险集团进行了全面的清算重组。图2-15为大家保险集团的股权结构。

序号	发起人/股东	持股比例	认缴出资额（万元）	实际出资额（万元）
1	保险保障 中国保险保障基金有限责任公司	98.229402%	2 000 000	2 000 000
2	上海汽车工业(集团)总公司	1.224556%	24 932.6	24 932.6
3	中国石油化工集团有限公司	0.546042%	11 117.7	11 117.7

图2-15　大家保险集团股权结构

资料来源：企查查。

安邦保险集团倒闭了吗？确实倒闭了，但是也重组为了另外一家公司，即大家保险集团。很多读者的疑惑是，如果我们买的是安邦保险集团的产品，那我们的保险怎么办？由大家保险集团全权接管，保障丝毫不变，只是承保的公司名字变了而已。

通过上面这个案例，其实我们也就理解了上文说的解散之后的接管问题。

我国对于保险公司的监管非常严格，主要体现在以下三个方面。

第一，保险公司的设立标准高。《保险法》从第六十七条到第七十四条，全部都是对保险公司的设立要求，也是因为这样的设立要求，目前中国的保险公司也就是在百家左右（见图2-16）。

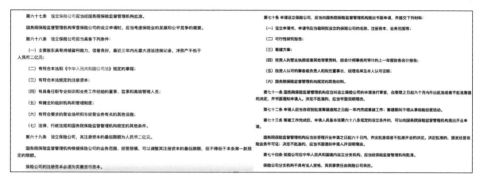

图2-16 《保险法》第六十七条至第七十四条

第二，监管严格。中国现在使用的是偿二代监管标准，普通消费者可能不太了解这个监管标准，但是我们只需要知道这套标准是世界领先的标准就可以（见图2-17）。

图2-17 中国保险公司偿付能力监管规则

资料来源：中国银行保险监督管理委员会。

第三，保障措施完善。上文说到的安邦保险集团出现问题，最终由保险保障基金救助。这个保险保障基金由中国保险保障基金有限责任公司管理，而这家公司是纯正的国有独资公司，图 2-18 为中国保险保障基金有限责任公司的股权结构。

序号	股东名称	持股比例	认缴出资额 ⇕	认缴出资日期 ⇕
1	财 财政部	100%	10 000万(元)	2008-06-06

图2-18   中国保险保障基金有限责任公司股权结构

资料来源：企查查。

截至 2021 年 12 月 31 日，保险保障基金余额（汇算清缴前）1829.98 亿元，其中财产保险保障基金 1130.89 亿元，占 61.80%；人身保险保障基金 699.09 亿元，占 38.20%。

在中国购买保险，基本不用担心保险公司倒闭的问题。一旦发生这样的问题，国家监管机构会指定其他机构接管，《保险法》第九十二条如图 2-19 所示。

> 第九十二条 经营有人寿保险业务的保险公司被依法撤销或者被依法宣告破产的，其持有的人寿保险合同及责任准备金，必须转让给其他经营有人寿保险业务的保险公司；不能同其他保险公司达成转让协议的，由国务院保险监督管理机构指定经营有人寿保险业务的保险公司接受转让。
>
> 转让或者由国务院保险监督管理机构指定接受转让前款规定的人寿保险合同及责任准备金，应当维护被保险人、受益人的合法权益。

图2-19   《保险法》第九十二条

讲到这里，很多读者朋友会注意到一个问题：无论是不允许解散还是救助等问题，说的都是经营人寿保险的公司，而财产险公司好像并不在此列，那么如果自己买的是财产险公司的产品怎么办呢？

一般情况下，除个别意外险和不保证续保的百万医疗险有可能是财产险公司发行的，像我们买的长期保险，比如保证续保的百万医疗险、重疾险、人寿保险等，都是人寿保险公司发行的。即使真的发生了很极端的情况，买的意外险或者不保证续保的百万医疗险是财产险公司发行的，因为都是保障一年，第二年再换其他公司就好了，我们基本不会损失什么。这个也是国家规定只有经营人寿保险业务的公司才可以发行长期保险的原因。

关于救助的具体方式，保险保障基金也给出了具体的标准，如图 2-20 所示。

第二十二条 被依法撤销或者依法实施破产的保险公司的清算资产不足以偿付人寿保险合同保单利益的，保险保障基金可以按照下列规则向保单受让公司提供救助：

（一）保单持有人为个人的，救助金额以转让后保单利益不超过转让前保单利益的 90% 为限；

（二）保单持有人为机构的，救助金额以转让后保单利益不超过转让前保单利益的 80% 为限；

（三）对保险合同中投资成分等的具体救助办法，另行制定。

除人寿保险合同外的其他长期人身保险合同，其救助标准按照人寿保险合同执行。

保险保障基金依照前款规定向保单受让公司提供救助的，救助金额应当以保护中小保单持有人权益以维护保险市场稳定，并根据保险保障基金资金状况为原则确定。

第二十三条 为保障保单持有人的合法权益，根据社会经济发展的实际情况，经国务院批准，国务院保险监督管理机构可会同有关部门适时调整保险保障基金的救助金额和比例。

图2-20　保险保障基金管理办法

讲到这里，相信读者已经对保险公司更有信心。我们简单总结一下这一小节的主要内容。

- 保险公司有可能会倒闭，但是这种概率极低，主要原因是我国对保险公司的监管体系和救助体系非常完善。
- 如果真的不幸发生这样的问题，我们的保单也不会受到影响，原保险公司会由保险保障基金救助。

第 6 课　▶　LESSON 6

理赔篇 |

买完保险就万事大吉了？
这只是刚刚开始

保险合同怎么看

　　我们购买保险，其实买的就是保险合同，而这个合同上有所有与保障相关的信息，无论是保障的内容，还是日后理赔的指导，全部都会事无巨细地写在合同上。但是这么重要的一份保险合同，大多数消费者可能都没有认真看过。还有一些消费者想看，但是因为保险合同太过于复杂，少则十几页，多则几十页，而且又都是一些专业的名词，很多消费者完全看不懂。这个小节将用框架性的思维帮读者拆解保险合同，教读者如何将复杂的保险合同简单化。

　　1.　保险合同应该先看什么

　　保险合同虽然用的是"合同"二字，但是我认为它更像是一本操作手册。所以看保险合同，千万不要从头看到尾，而是需要什么信息，就去对应的部分找这些信息。在看保险合同之前，我们必须清楚保险合同的目录，这个就像使用地图一样，先把大的框架梳理出来，然后再一步一步地拆解就可以了。所以，想看明白保险合同，第一步就是先了解保险合同的目录。

2. 保险合同的目录都有哪些部分

无论是什么保险，它们的目录基本都是一样的，不一样的只是顺序。比如，有的保险合同习惯把健康告知放在前面，有的就习惯放在后面，具体的内容没有什么太大的变化。保险合同的目录主要分为五个部分：保单正本、现金价值表、保险条款、投保人信息、保险公司服务指南。

投保人信息部分又分成了四个小项目，包括投保单、健康告知、投保人声明、投保提示书，其实这四个小项目都属于投保人信息。有的保险合同会单独把这四个小项目分开，有的会将其直接放在投保人信息这个目录下，但内容是一样的，无非是怎么分类的问题。了解完保险合同的目录之后，那么剩下的其实就是看每一个部分说的是什么意思。

3. 目录每个部分的简单解释

通过上面的拆解我们会发现，保险合同由五个部分组成，每一个部分都是独立的，我们可以按部分去详细了解。另外有很多消费者并不知道，目录里面的所有内容都是可以在购买保险前看到的，无论是现金价值表还是保险条款等，都可以和保险从业人员索要相关的资料。下面我们就阐述一下每一个部分的大致内容。

保单正本。该部分会统一介绍个人信息以及保单的信息，包括保额、保费等。不同的保险，这部分展示也不一样，后面会详解介绍。

现金价值表。长期保险一般都会有现金价值表，这个部分在前面的内容也介绍过，现金价值可以简单理解成退保可以退多少钱。而现金价值表会写得非常详细，如每一个保单年度具体有多少现金价值。但不同的保险产品，展现方式不太一样，有些需要做一次简单的计算，而有的保险还会在这里写上减额交清的一些问题，这些在后面部分还会做详细的阐述。

保险条款。这是保险合同中内容最多的部分，也是最重要的部分。无论是具体保障的细节，还是每一个保障的详细解释都会在这个部分。后面我们会用很大的篇幅介绍。

投保人信息。这个部分里面主要有投保单信息、健康告知、投保人声明、投保提示书等。不同产品只是展示顺序不一样而已。

保险公司服务指南。这个部分是消费者最容易忽视的地方，也是消费者咨询最多的地方，如何理赔，需要准备什么资料，日后如何续保，如何退保，怎么变更信息等，其实所有的答案全在这个部分。

以上就是保险合同目录的基本内容，经过拆解分析是不是感觉思路更加清晰了？下面详细介绍其中的具体内容。

4. 保单正本

在学习新事物的时候，如果不知道怎么分析和学习，最好的方式就是把这个事物模块化，也就是我说的框架性思维。我们把不同的参数，按照不同的维度归纳总结，最后就会得到一个框架。而这个框架的好处就是可以让我们举一反三，在遇到不同产品的时候，可以直接套用这个框架，这样可以大大节省我们的时间，保险合同就是利用框架性思维最好的例子。

保险合同都是标准化的模板，无论是平安的，还是人寿的，它们的合同都大同小异。无论是年金险还是重疾险，它们的模块也都是一样的。所以，我们需要做的就是记住框架，然后套用。图 2-21 为我本人保单的正本部分。

三峡人寿保险股份有限公司
电 子 保 险 单

（币种：人民币　单位：元）

保险合同号码：		合同生效日：201■■■
保单周年日：11月27日		合同成立日：20■■ ■■ ■
交费方式：年交		
销售机构：三峡人寿保险股份有限公司		

投保人	姓名：张岩	出生日期：■■■■月08日	证件类型及号码：身份证	
被保险人	姓名：张岩	出生日期：■■ ■5月08日	证件类型及号码：身份证	
身故受益人：法定继承人				

险种名称	基本保险金额	保险期间	交费期间	保险费
三峡福爱相随重大疾病保险（基础部分的保险责任）	200000.00	至80周岁	30年	1784.00

图2-21　保单正本部分

直接看保单的话，消费者会发现上面的信息很多，根本不知道怎么看，当看到专业名词时，就更不知所措了。这时我们需要用到框架性思维，当建立了框架之后，我们就会发现，很多内容一目了然。

比如我的这个保单，其实都不需要亲自给它分类，它已经自己分类好了。保险公司把第一个部分主要分成了三大类：第一大类，是保险合同的一些信息，比如合同生效日、合同编号等；第二大类，是保单关于个人的一些基本信息，比如投保人、被保险人、身故受益人信息等；第三大类，是险种名称以及保额、保费信息等。

通过这个保单，我们就已经整理出一个框架，那么日后无论看到哪个产品的保险合同，先去合同上找相应的信息，然后进行整理归类就可以了。

有的保险合同会故意设计得很复杂，相关信息东一块西一块，而我们按照上面这样的分类方式，基本就可以快速看懂合同的第一部分了。说完框架性的问题，这里将对部分内容做一些详细的解释。

虽然保险合同的第一部分有三大类，但是在此不会一一解释，因为很多概念从字面意思就能理解。比如第一大类中的合同生效日，不用解释大家都会懂。而第二大类已经在前面介绍过了，忘记的读者朋友可以翻看前面的内容。比较难的地方是第三大类，就是险种名称等，很多人看了这个名字之后就放弃了，因为根本看不懂。所以我们主要针对第三类做一些详细的介绍。

按照框架性思维，第三大类基本上可以拆出来五个元素，分别是险种名称、保额、保费、交费年限、保障年限。图2-21中的保险很简单，就是一个普通的重疾险，没有附加任何其他保险，所以险种名称就一个。但在日常生活中，消费者看到的产品往往是这样一种情况，如图2-22所示。

保险项目	条款编号	基本保额（元）	交费年限
守御人生两全保险	L1129—01	100 000	20 年
附加守御人生重大疾病保险	H2125—01	详见合同	20 年
附加守御人生定期寿险	L2044—01	100 000	20 年
附加守御人生意外伤害保险	A2053—01	100 000	20 年

图2-22　某产品保单正本部分

大部分消费者买的保险由很多保险产品组合而成，让我们最为头疼的是，这个部分展示的逻辑和我们学习的知识不一样，学习的模板明明是五个元素的，结果这个里面额外增加了条款编号，少了保障年限和保费，这应该怎么办呢？

这就体现出学习框架性思维的重要性了，我们要按照自己的逻辑去分类，已经有的信息就不用再找，没有的信息要去保单的其他部分找到，并划入这个分类里面。还有另外一个问题就是有的产品包含的险种非常多，不过我们在组合型保险部分讲过，无论是什么保险，都由不同责任组合而成，我们只需要一个一个去拆分就好，每一个责任都会有自己的保障年限、交费年限、保额和保费。下面我们就根据图2-22中的产品给大家做一个演示。

比如第一个险种叫作"守御人生两全保险"，我们在这个部分只找到了交费年限和基本保额，但是并没有找到保障年限和保费怎么办？我们就只能去其他地方去找，五个元素，缺一不可，缺少一个元素我们都没有办法看懂这个保险的全貌。无论是什么保险，无论多么复杂的保险条款，全部都会有这五个元素，只是不同的保险有时候会写在不同的位置而已。

只有把这些元素都找全，我们才能把它和同类产品去对比，缺少一个元素就没有办法对比。比如，没有找到这个保险的保费，那么就不可能知道这个保险是买贵了还是买便宜了。而没有找到保额也是一样，不同的保额，肯定价格不一样，我们都不知道一个保险的具体保额，自然也就不知道这个保险是买贵了还是便宜了。

面对这类复杂的保险千万不要着急，一步一步去拆解就可以了。上文举例的产品只有四个保险名称，而有的保险合同上甚至可能会出现近十个保险名称，如图 2-23 所示。

平安福21
首年保费：25 921.64

投保险种	保额(元)	保险期	交费期	首年保费(元)
平安福21	30万	终身	20年	8 730
长期意外21	20万	至80岁	20年	1 020
附加多次肿瘤	30万	终身	20年	1 800
附加脑中风	30万	终身	20年	525
附加心梗	30万	终身	20年	1 971
附加肝肾21	30万	终身	20年	1 269
平安附加定期寿险	30万	20年	20年	720
平安悦享两全保险	320 700	至70岁	20年	9 139.95
中症轻症豁免	25 174.95	20年	19年	746.69

图2-23　平安福产品保障详情

我们看到这类保险时可能会不知所措，因为里面的保险责任实在是太多了。但是不要着急，根据框架性思维，耐心拆解，整理完所有信息，这样就能帮助我们真正看懂保单正本部分。

这个部分内容有点多，我们一起再总结和回顾一下。

- 在看任何保单之前，我们应该先有框架性思维，这样才可以举一反三。
- 按照框架性思维把不同的元素进行整理归纳，就可以看明白一份保险合同的所有信息。
- 保单正本部分最重要的内容是第三类，包括险种名称、保额、保费、交费年限以及保障年限。

5. 保险的现金价值怎么看

在所有的保险咨询中，咨询自己的保单能退多少钱的消费者是最多的。那么保单退保能退多少钱，大部分保险需要看的是现金价值，所以学会看懂现金价值表，就可以解答退保能退多少钱的疑问了。

各个保险合同的现金价值表虽然不太一样，但基本上都会放在保险合同的第二部分，一般就是在合同的第二页或者第三页的位置。如果你看过保险合同，一定会被一整页的数字吸引到，但是想仔细看下去的时候，却发现又好像看不太懂，一会儿是保险年度末，一会儿是年龄，一会儿又是现金价值，而且数字又非常小，密密麻麻的，让人根本没有兴趣看下去。

其实看懂现金价值表并不难，根据具体的时间对应后面的数值即可，想看哪年的现金价值是多少，直接看那一年就可以了，没必要从头看到尾。这个现金价值表是买保险时就已经设定好的，数值也是固定的，无论发生任何情况，保险公司都会按照上面的金额退钱。一般保障超过一年的长期型保险都会有现金价值，比如重疾险、人寿保险等。

一般情况下，现金价值在前期都会非常少，低于我们已交的保费，但是随着时间的推移，不同保险的现金价值就会出现不同的变化，这点在前面的部分已经讲过，这里就不做赘述了。

了解完现金价值的基本知识，我们一起来看看现金价值表的样子，如表 2-11 所示。

表2-11　保险合同现金价值表

保单年度	年末现金价值（元）	保单年度	年末现金价值（元）	保单年度	年末现金价值（元）
1	126.00	15	12 940.23	29	25 830.00
2	486.00	16	14 192.22	30	26 064.00
3	866.00	17	15 454.21	31	25 082.00
4	1 398.01	18	16 718.18	32	23 878.00
5	2 186.04	19	17 980.14	33	22 424.00
6	3 066.08	20	19 230.10	34	20 686.00
7	3 994.10	21	20 256.05	35	18 622.00
8	4 968.14	22	21 232.00	36	16 152.00
9	5 990.17	23	22 150.00	37	13 170.00
10	7 058.19	24	2 298.00	38	9 538.00
11	8 166.21	25	23 764.00	39	5 194.00
12	9 314.23	26	24 436.00	40	0.00
13	10 496.23	27	25 010.00		
14	11 706.24	28	25 476.00		

从表 2-11 中我们可以看到，其实信息非常简单，主要有两个，一个是保单年度，另一个是年末现金价值。保单年度如何理解呢，我教各位读者一个简单的方法：交了几次钱，就算第几个保单年度。比如，已经交了四

年钱，那么就算第四个保单年度。如果这个时候想退保，可以退多少钱？
我们只需要在表中找对应的数字就可以了。在表 2-11 中，第四个保单年度
对应的数字是 1398.01 元，也就是在这个时候退保，可以退回来这么多钱。
表 2-11 涉及的保险比较简单，下面我们再来看一个复杂的案例，有的现金
价值不会写得那么清晰，它会绕个弯，如表 2-12 所示。

表2-12　某产品现金价值表

保单年度末	现金价值（元）	保单年度末	现金价值（元）	保单年度末	现金价值（元）
2	1 062.51	11	3 914.49	20	4 594.73
3	1 807	12	3 983.64	21	4 679.18
4	2 639.44	13	4 054.33	22	4 765.76
5	3 530.92	14	4 126.57	23	4 854.66
6	3 591.17	15	4 200.38	24	4 926.12
7	3 652.88	16	4 275.81	25	5 040.42
8	3 716.06	17	4 352.9	26	5 137.93
9	3 780.71	18	4 431.69	27	5 239.11
10	3 846.85	19	4 512.28	28	5 344.53

注：每 1000 元标准保费为标准

中国人寿的现金价值表就会复杂一些，不过一般年金险或者是有分红
属性的人寿保险写得都会复杂一些。现金价值表上不单单有保单年度以及
具体数字，还有"每 1000 元标准保费为标准"的字样。那么这个标准保费
数值怎么用呢？

举个例子，假设保单的标准保费为 1 万元，而现金价值表是每 1000 元
对应的数值，那么我们把这个现金价值表里面的数值都乘以 10 就可以了。
比如第二个保单年度末，现金价值表是 1062.51 元，那么用这个数字乘以
10，就是 10 625.1 元。一般情况下，我们按照现金价值表给出的具体标准

参数去做简单的数学运算即可。除了标准保费以外，有的保险产品还会有标准保额，运算原理都是一样的。

有的保险合同在第二部分还会出现另外一个表格，叫作减额交清表。要弄清楚减额交清表怎么看的问题，我们先来讲减额交清是什么意思。

减额交清的意思简单来说，就是这张保单我们不想再交钱了，也不想退保，那么保险公司就按照保单现在的现金价值，折算出新的保额，以后这张保单继续有效，保障的保额就是减额交清之后的那个保额。

如表 2-13 所示，可以发现减额交清表和现金价值表有一个不同，就是多了减额交清保额的信息。这个保额就是我们一开始说的新的保额，如果不想再继续交费，那么保单的保额就变成了减额交清保额。其实这个保额是非常低的，说白了就是用保单的现金价值去换了新保额而已。所以我建议，如果对自己买的保险不满意，那么可以直接退了，拿现金价值更好，没必要去做减额交清。

表2-13　某产品减额交清表

保单年度末	现金价值（元）	减额交清保额（元）
1	690	646
2	1 776	1 628
3	2 900	2 598
4	4 226	3 700
5	5 596	4 792
6	7 010	5 870
7	8 470	6 938
8	9 974	7 992
9	11 526	9 036

注：您可申请使用减额交清功能。即如果您决定不再支付续期保险费，我们将以本主险合同宽限期开始前一日的现金价值扣除您尚未偿还的各项欠款之后的余额作为一次交清的净保险费，重新计算本主险合同的基本保险金额减额交清后，本主险合同的基本保险金额会相应减少，您不需要再支付保险费。

6. 保险条款之框架解读

保险条款是保险合同中占比最多的一个部分，基本占到了80%以上的内容。因为内容太多，我们没有时间和精力逐字阅读，所以依然要把它当成一个指南，需要什么信息，去对应的位置找即可。要弄懂保险条款这个"地图"，我们依然要用框架性思维分析。

无论我们购买的保险是哪一种，保险条款基本都分为十大部分，下面我们一一来介绍。

第一部分，关于这份保险合同本身的一些基本解释，里面会有保险合同成立和生效的解释、犹豫期的解释、投保年龄的解释等。这个部分里面，其实最主要看的就是犹豫期，剩下的都是标准性的解释，没有太多阅读价值。

第二部分，关于这份保险都提供什么保障内容。如果是保障不强的保险，这部分内容就会少很多。但是对于保障类的保险，比如重疾险、医疗保险等，那么这部分的内容就非常多了。后面也会专门详细介绍保障类保险这部分的内容应该怎么看。

第三部分，关于这份保险不保什么或者叫作免责条款。这个部分有的保险合同会和第二部分放在一起，有的保险合同会分成两个部分。但是这都不重要，因为一般这两个部分都是挨着的，当我们看到这个保险保什么，往往会条件反射地看看它都不保什么。

第四部分，告诉我们如何支付保费，里面会有宽限期等概念的解释，一般情况下看一下就明白了。

第五部分，告诉我们如何领取保险金，这个里面涉及的内容其实是我们最为关心的。对于保障类保险，我们比较关心怎么样才可以得到理赔金，这个地方是非常重要的，后面也会详细介绍。而对于理财类保险生存受益金的领取方式，这个地方其实写得是最为详细的。如果不知道自己的理财类保险怎么领取受益金，看明白这个部分其实就会得到答案了。这个部分也是保险合同中最为重要的部分，因为它直接影响我们获得理赔金的方式，所以后面也会单独用一部分内容来讲。

第四部分和第五部分，一个是告诉我们如何交钱，另一个是告诉我们如何领钱。虽然每一个保险合同的顺序不太一样，有的是第四部分在前面，有的是第五部分在前面，但是一般都是挨着的，所以很好找。

第六部分就是现金价值的相关问题了，告诉我们现金价值是怎么一回事，可以干什么，一般也会涉及用现金价值贷款的相关问题。

第七部分是告诉我们如何解除合同的，一般只要认真读读里面的内容都会明白，这里不需要太多的讲解。

第八部分和第七部分对应，是说合同如何恢复的事情。这两个部分有时候也会颠倒顺序，但是没有关系，一般都是挨着。

第九部分就是保单的其他权利了，一般都是前面没有写到的，如年龄错误、合同解除权的限制、联系方式变更等。这个部分都是用到的时候才需要具体看，其内容所有保险都是差不多的。

最后一个部分释义的内容，所有的保险基本都一样。这个部分会对上面内容的定义做详细的解释，比如重大疾病的定义、恶性肿瘤的理赔定义、意外事故的定义等，非常全面。这也是最严谨的部分，所以如果你是一个特别严谨的人，多看看这部分，一定会让你有不一样的收获。

通过上面模块化的讲解，我们可以发现，保险条款大同小异，我们只需要重点关注自己特别关心的问题以及它们不同的地方。

7. 保险条款最应该重点关注的部分

无论什么保险条款，基本都分为十个部分，而其中很多部分是不需要我们具体看的，因为不会存在特别大的"坑"，想找相关信息的时候去对应的位置找就可以了。最重要的其实是三个部分，分别是保什么、怎么赔以及不保什么，下面我们分别介绍一下。

（1）保什么

保什么的部分，我们主要可以分为三个部分来看，分别是基本信息、必选责任、可选责任。

基本信息主要是对一些概念进行解释，如等待期、保险的基本金额、投保年龄限制、保障年龄选择等。这部分通俗易懂，需要关心的主要是一些期限的问题，如等待期越短越好。

必选责任是每个人都要好好阅读的部分，因为它和我们的保障息息相关。所谓必选责任，就是只要买了这个保险，就一定会提供的保障。如果担心被从业人员欺骗，就可以仔细阅读这个部分，看看哪些是保险公司提供保障的，哪些是没有保障但是从业人员说有的，这个部分不会有太多专业名词，只要仔细看都可以看懂。

可选责任部分是很多消费者容易混淆的地方，有时候我们购买的保险并没有附加可选责任，但是保险合同里面却有这个保险责任的解释，这是什么原因呢？主要是因为保险公司为了省时省力，不会单独针对每一个人的保单详情重新做保险条款，比如在合同里面去掉一些保单没有的内容，而增加一些保单有的内容。同一个保险产品的保险条款都是一模一样的，保险公司会把所有保障责任都放进去，将其做成通用的条款。这也是为什么我们在购买保险之前看到的保险条款和购买之后看到的合同中的保险条款一模一样。

（2）怎么赔

在讲怎么赔这个部分前，我们要先回顾前面讲过的给付型保险和报销型保险的相关知识。无论什么类型的保险，赔付只有两种方式，一种是给付，另一种是报销。所谓给付型保险，就是按照我们购买的保额直接一次性赔付。而报销型保险，就是按照我们实际的花费进行一定比例的报销。

回顾了这个知识点以后，我们再来讲解这个部分的主要内容。一般情况下，怎么赔部分都会分成七个小部分：受益人、保险事故通知、保险金申请、注意事项、保险金支付、保险费豁免（如果是有豁免的保险）、诉讼时效。其中保险事故通知、保险金申请、注意事项、诉讼时效等问题，每一家保险公司都差不多，都是标准化模板，我们按照条款上的内容仔细阅读即可，这几个问题也非常容易理解，没有太多专业词汇。

我们最需要仔细阅读的就是保险金支付部分，尤其是医疗类的保险，因为它的限制是最多的，如免赔额、报销比例、其他医疗保险补偿原则等，有时候我们还需要结合上面保什么的部分一起阅读。重疾险和人寿保险的这部分，相对来说比较简单，都是直接赔付基本保额或者是赔付基本保额的一定比例。

（3）不保什么

不保部分其实就是经常说的免责部分，这个部分的内容一般都不会多，建议消费者认真读一遍。主要原因是保险里面的一些不保障的责任是消费者以为保障的责任，这个部分也是消费者脑海中想象的保险和实际的保险差异最多的部分。

如图 2-24 所示，第二项的免责条款是很多人容易忽略的地方：被保险人所患有的既往症是不赔付的。很多消费者在购买医疗类保险之前根本不知道这项责任是不赔付的，最后发生这方面的理赔，出现了理赔纠纷。

第十条 责任免除

　　因下列情形之一导致被保险人支出医疗费用的或发生如下列明的医疗费用，保险人不承担保险金给付责任：

　　（一）投保人对被保险人的故意杀害或故意伤害；被保险人故意自杀、自伤，但被保险人自杀时为无民事行为能力人的除外；被保险人故意犯罪或者抗拒依法采取的刑事强制措施，或被政府依法拘禁或入狱期间伤病；被保险人殴斗、醉酒、主动吸食或注射毒品，违反规定使用麻醉或精神药品；被保险人未遵医嘱擅自服用、涂用、注射药物；被保险人酒后驾驶、无有效驾驶证驾驶或者驾驶无有效行驶证的机动交通工具。

　　（二）被保险人所患既往症，及保险单中特别约定的除外疾病引起的相关费用；等待期内接受检查但在等待期后确诊的疾病；等待期内药物过敏、食物中毒、细菌或病毒感染（但因意外事故致有伤口而生感染者除外）或其他医疗导致的伤害；未经科学或者医学认可的试验性或者研究性治疗及其产生的后果所产生的费用；未被治疗所在地权威部门批准的治疗，未获得治疗所在地政府许可或批准的药品或药物，以及上述治疗或药品药物导致的后续医疗费用；所有基因疗法和细胞免疫疗法造成的医疗费用。各类医疗鉴定、检测费用，包括但不限于医疗事故鉴定、精神病鉴定、孕妇胎儿性别鉴定、验伤鉴定、亲子鉴定、遗传基因鉴定费用；因职业病、医疗事故导致的医疗费用；被保险人在不符合本合同约定的医院就诊发生的医疗费用。

图2-24　某产品保单免责条款1

　　如图2-25所示，很多人以为只要去医院住院都可以赔付，但是像怀孕、流产等问题都是不能赔的。还有一些详细的介绍，这里就不做赘述了。

　　（四）肥胖症相关手术、袖状胃切除术（用于治疗糖尿病时除外）、整形手术、美容或整容手术、变性手术及前述手术的并发症或因前述手术导致的医疗事故；被保险人怀孕、流产、分娩（含剖腹产）、避孕、节育（含绝育）、绝育后复通、治疗不孕不育症、人工受孕、产前产后检查及由以上原因导致的并发症；牙科疾病及相关治疗、视力矫正手术，但因意外所致的不受此限；被保险人因预防、康复、休养或疗养、医疗咨询、健康体检、非处方药物、以捐献身体器官为目的的医疗行为、保健性或非疾病治疗类项目发生的医疗费用；眼镜或隐形眼镜、义齿、义眼、义肢、轮椅、拐杖、助听器等康复性器具，所有非处方医疗器械所产生的费用；包皮环切术、包皮剥离术、包皮气囊扩张术、性功能障碍治疗；除心脏瓣膜、人工晶体、人工关节、心脏起搏器、人工肺、人工肾、人工食管、人工胰、人工血管以外的人工器官材料费、安装和置换等费用；

图2-25　某产品保单免责条款2

　　总而言之，免责条款部分一定是购买保险前最应该看的部分，而且需要一个字不落地看，只有这样我们最后买的保险才会更加适合自己。到这里，关于保险合同应该怎么看的问题其实就讲完了，我们再一起总结一下这里面最重要的一些知识点。

- 所有的保险合同基本都差不多，我们不需要逐字阅读，应该把它当成操作指南来用。
- 保险合同最需要看的部分主要是保险保什么、不保什么以及怎么赔的部分。
- 无论多复杂的保险形态，我们只需要用框架性思维去解析，它就会变得极其简单。

保险理赔流程是怎么样的

保险的理赔流程对很多消费者来说都是非常神秘的，有的消费者甚至不知道如果发生理赔，第一步应该做什么。可见大部分保险消费者对于理赔的知识是极其匮乏的。正是因为这样，很多保险消费者对保险理赔持怀疑态度，保险公司会不会不理赔呢？听说病历一个字写错了，保险公司可能就不给理赔了？以上种种都是保险消费者对保险理赔的疑虑。保险公司的理赔到底是什么样的呢？这个小节就揭开这层神秘的面纱。

保险理赔的流程基本分为以下四个步骤。

第一步，报案。也就是通知保险公司我要进行理赔，理赔过车险的读者朋友会有这方面的经验。保险公司都会有 24 小时的报案电话，这个在我们的保单上都会写。保险公司接到报案电话后，就会登记我们的信息，告知我们准备理赔资料。

第二步，准备资料并邮寄给保险公司。保险公司会给我们的邮箱发送一份理赔资料清单，我们按照清单一步一步准备即可。后面会详细叙述这部分的内容。

第三步，保险公司审核理赔资料。这个环节基本上就是等待保险公司的审核，在审核过程中，有可能还需要我们配合，比如面谈等。

第四步，审核通过后录入系统并赔付理赔金。这个步骤基本就是等待保险公司打款，打款到账后，我们会接到保险公司的短信通知。

在以上过程中，我们可以随时给保险公司打电话，查询理赔到了哪一个进度。在四个步骤中，前两步由我们主动完成，第三步属于配合保险公司完成，而第四步就不需要我们做什么，等待即可。

这里会重点帮助各位读者朋友介绍前三个步骤。

第一步：报案

一般情况下，我们需要在发生保险事故的第一时间拨打保险公司的报案电话，这个电话在我们保险合同里面都有写，如果实在不方便找，在各类搜索引擎上也可以找到保险公司的报案电话。图 2-26 为某保险公司的报案须知。

二、报案须知

1. 如被保险人在保险有效期内发生合同载明的保险事故，为了避免您因为报案延迟导致不必要的经济损失，请在保险事故发生后立即通知保险公司，发生就医治疗的，请您在 72 小时内通知，发生意外及其他重大保险事故时应 24 小时内通知。

2. 报案方式可拨打昆仑健康保险全国统一服务热线 400-811-8899，前往机构客户服务柜面，发送邮件至 lipei@kunlunhealth.com，登录昆仑健康保险官网 www.kunlunhealth.com.cn、App 手机移动端选择理赔服务等。

图2-26　报案须知

如果因为个人情况无法亲自拨打报案电话，也可以由保险代理人、家属、亲戚、朋友甚至是路人进行报案，电话接通后，保险公司主要是核对身份信息，包括姓名、身份证号等。核实无误后，保险公司就会立案。

在第一步中，我们其实不会有太多的主动动作，保险公司的客服人员会问我们相关问题，我们正常回答问题即可，即使是什么都不懂的消费者，在这一步上也基本不会出现问题。

第二步：准备资料并邮寄给保险公司

这个步骤是消费者在理赔过程中主动完成工作最多的一步，也是消费者最惧怕的一步。主要原因就是面对复杂的理赔清单，很多消费者完全不知道应该怎么做，理赔申请书上应该怎么填写内容。下面详细介绍这个过程。

保险公司会给我们的邮箱发送一份理赔清单，不同产品会有一些差异，我们拿重疾险举例，需要准备的资料如下。

（1）填写完整正确的理赔申请书，事故日期按病理确诊诊断日期填写。

（2）被保险人的身份证复印件（正反面在一张纸上），被保险人名下的借记卡或储蓄卡复印件（建议四大行或常见银行）。如投被保险人不是同一人，需要投被保险人关系证明，如结婚证、户口本、出生证明等。

（3）被保险人首次因不适体征病症前往医院就诊的病历、检查检验报告单等。

（4）医院首次确诊重疾的诊断证明书、住院病历，包括病案首页、入院记录、手术记录、出院总结、相关检查检验报告单、病理报告、医嘱单等全套病历（病历室可复印）。

（5）保险合同的保单页（一般是合同第一页，标注有险种、单位名称、保费等信息，仅复印第一页就可以）复印件。

（6）被保险人投保前最近时期的体检报告。

（7）被保险人近5年生活轨迹（格式为20**～20**年，地点****，单位，工作岗位）。

准备资料里面，其实除了第一项理赔申请书我们比较陌生以外，其他的所有资料都是就医过程中的资料，我们需要做的就是整理归纳。而对于理赔申请书，我们需要自行打印，然后进行填写。图 2-27 为某公司理赔申请书样本。

理赔申请书

保险单号码：	业务员姓名：	业务员代码：
机构代码：	联系电话：	此次申请为：　□首次　□再次

第一部分　出险人资料

姓名：	性别：	□身份证□军人证□____国护照	□□□□□□□□□□□□□□□□□□
年龄：	职业：		联系电话：
联系地址：			邮政编码：

第二部分　申请人资料（若申请人与出险人为同一人，则不必填写此项）

姓名：	性别：	□身份证□军人证□____国护照	□□□□□□□□□□□□□□□□□□
年龄：	职业：	与出险人关系：	联系电话：
联系地址：			邮政编码：

第三部分　理赔申请项目

□意外医疗　□住院医疗□住院津贴　□重症监护津贴　□意外伤残　□重大疾病　□护理□豁免保险费　□身故　□其它______

申请金额：人民币__________元

第四部分　保险事故

	事故日期：______年____月____日		事故地点：
意外适用	事故原因/经过：		
	就诊医院名称：		事故结果：
	事故是否报事故处理部门　□无　□有，若“有”，已报告□公安机关　□交警　□劳动部门　□其他______		
疾病适用	病情描述：		
	首次出现病症的时间：______年____月____日	首诊日期：______年____月____日	首诊医院：
	确定诊断：	确诊日期：______年____月____日	确诊医院：
	详细治疗经过：		

第五部分　保险经历

出险人在其他保险公司购买保险的情况：				同一事故在其他保险公司理赔的情况：	
保险公司	险种名称	保险金额	投保日期	理赔日期	赔付金额

第六部分　授权书

一、兹声明：本人对医生的陈述、本申请表和随附文件记载内容均真实无误，并无重大遗漏；否则，本人愿承担相应法律责任。 二、兹授权任何医疗机构、医护人员、公安机关、保险公司、工作单位或相关机构及人士，凡拥有或知道任何与此次保险事故相关的资料证明或其他与出险人身份、职业、财务相关的资料，均可提供给昆仑健康保险股份有限公司。 三、本委托授权书的复印件与原件具有同等效力。	申请人签名：__________ 投保人签章：__________ 日　　期：__________

图 2-27　某公司理赔申请书样本

从图 2-27 我们可以发现，理赔申请书涉及的基本都是一些个人信息，填写起来没有任何难点。如果针对理赔申请书有不太会填写的地方，可以随时给保险公司客服打电话咨询或者是咨询自己的保险代理人。

当我们把所有资料都准备齐全的时候，我们就需要按照保险公司要求的地址，把这些资料邮寄给保险公司，接下来就是等待保险公司的核赔指引。为了方便读者朋友对理赔清单有更清晰的了解，我把不同产品要求的理赔资料分享给大家，供大家参考（见表2-14）。

表2-14　理赔申请准备资料清单

需提供的资料	意外医疗	住院医疗	住院津贴	重症监护津贴	手术津贴	重大疾病	豁免保险费	护理费用	意外残疾	身故保险
理赔申请书	√	√	√	√	√	√	√	√	√	√
保险合同正本	√	√	√	√	√	√	√	√	√	√
银行存折/银行卡	√	√	√	√	√	√	√	√	√	√
出险人身份证明	√	√	√	√	√	√	√	√	√	√
受益人身份证明及与被保险人关系证明										√
诊断证明/出院小结	√	√		√	√	√	√	√	√	
相关的检查检验报告	√	√		√	√	√	√			
重症监护室的证明	√	√		√				√		
病理组织检验报告						√	√			
医疗费用收据	√	√		√	√	√				
医疗费用清单	√	√								
病历	√	√	√	√	√	√	√	√	√	
伤残鉴定书	√	√	√	√	√	√		√	√	
意外事故证明	√	√	√	√	√	√		√	√	√
死亡证明							√			√
火化（丧葬）证明							√			√
委托授权材料	√	√	√	√	√	√	√	√	√	√

第三步：保险公司审核理赔资料

第三步相对来说比较复杂一些，因为这个过程会出现不同的结果，一般情况下分为补充资料、协商谈判、调查以及顺利理赔。下面我们分别来说明一下。

补充资料。这个比较好理解，在递交理赔资料的过程中，难免会出现遗漏资料的情况，这个时候保险公司就会要求我们补充资料，保险公司在收到补充资料后会进一步告诉我们结果。

协商谈判。协商谈判主要出现在一些小额理赔案件中，比如某某药品并不在保险理赔范围内，保险公司就会和客户协商谈判，告知客户具体情况，客户同意后即可理赔。

调查。这个是最耽误时间，也是最为复杂的一种情况。进入调查阶段，一般都是理赔金额比较大的案件，或者是刚过了等待期就发生理赔的情况。这个时候保险公司就会派专门的调查人员和被保险人进行面谈，了解详细的情况。有时候保险公司会要求客户签署个人就诊就医授权调查书，调查人员会走访被保险人所在城市的医疗机构进行调查。不过有时候保险公司也会抽样调查，哪怕这个客户没有上述的情况，也有可能被抽查到。

顺利理赔。最好的情况就是我们递交完理赔资料，保险公司核实无误后，给我们顺利理赔。

无论是以上哪一种情况，我们正常配合保险公司即可，无须主动做什么事情。

在了解了理赔的每一个过程以后，相信很多读者对保险公司的理赔并不像之前那样忐忑，心中也多了一些安稳。其实这也是学习重要性的体现，当我们掌握了更多的知识，对未知的事物就不再恐惧。

最后总结一下理赔这个小节的主要内容。

- 理赔流程主要为四步，分别是报案、准备理赔资料并邮寄给保险公司、保险公司审核理赔资料、保险公司审核通过并打款（见图 2-28）。

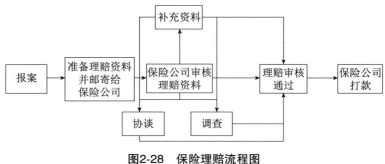

图2-28　保险理赔流程图

- 比较复杂的是第二步，我们准备理赔资料的时候需要仔细一些，不太明白的地方可以咨询保险公司。

如何正确管理自己的保单

大部分消费者在购买完保险以后，基本都不会管理自己的保单，等真的需要用到的时候，才发现完全不记得保单具体每年需要交多少钱、保额是多少以及第二年续保的时间。当家里的保单有很多份的时候，更是不记得每张保单都应该怎么续保，续保的卡号到底是哪个。有的消费者因为个人工作繁忙，甚至已经过了宽限期都不记得续保的事情，最后可能导致保单的中止。

买完保险并不是万事大吉，我们还有很多工作要完成，下面我就详细阐述一下购买完保险之后最应该知道的三件事。

1. 保单整理

通过本书的讲解，我们已经知道每个人可能不止要买一份保险，而是会买很多份保险。如果是一个家庭，那么保险可能就会有很多份，少则几份，多则十几份。面对如此多的保单，可以凭借我们自己的记忆就记住所有的内容吗？恐怕不能，每一张保单涉及的信息太多了，很少有人可以完全记得住。哪怕是我们自己记住了，但是家人会记住吗？如果发生理赔的时候家人都不知道我们买了保险怎么办？在我实际的咨询案例中，经常有这样的事情发生，亲人不幸身故，家属只知道亲人原来买过保险，但是完全不知道原来买的是哪家公司的什么产品，理赔的时候完全不知道怎么做。

买完保单以后，我们一定要做保单的整理工作，下面我就将自己整理保单的方式分享给大家。

保险合同有两种形式，一种是纸质版的，另一种是电子版的。一般在线下买的保险都会有纸质的合同，而很少给电子的合同。而在线上买的保险很多只有电子的合同，没有纸质的合同。无论是电子合同还是纸质合同，两者的法律效力都是一样的。采用哪种形式，只是看我们的喜好与需求而已。

如果喜欢电子版的，可以和保险公司要一份，他们就会把电子合同发到我们的邮箱。如果喜欢纸质版本，也可以打电话或者在微信公众号上申请，保险公司都会免费邮寄到家里。但是一般情况下，在线上购买的短期保险，比如意外险或者是百万医疗险，保险公司不提供纸质保单，我们想要纸质保单的话，需要去打印店用电子保单自行打印。

纸质保单和电子保单有各自保管的优劣势。纸质保单是拿在手里的，看着更方便，心里也更踏实一些，如果日后理赔真的需要家里人帮助，而且都是老人的情况下，那么纸质保单用起来就更方便一些，但是缺点就是不太好保管，容易丢。电子保单的优点是好保存，无论是在电脑上还是手机上，多备份几份的话，基本是不会弄丢的。但是它的缺点是不太适合年纪大的人，很多年纪大的人不太喜欢用电子设备，如果真的到理赔的时候，可能都不知道去哪里找。想要更稳妥的消费者，可以纸质和电子保单都准备一份，这样有备无患。

　　说完电子保单和纸质保单的问题，我们再来说保单应该如何管理的问题。

　　很多消费者喜欢用第三方软件去管理保单，觉得用起来方便。说实话，第三方软件虽然在某些方面的便捷性确实不错，但是它有两个核心缺陷。

　　第一个就是只支持在自己平台购买的产品。很多平台的保单管理软件只能识别在这个平台购买的保险产品，而不能识别在其他平台购买的产品。比如我们在支付宝买了一份保险，但是它的保单管理软件里面只有支付宝平台的保险，并没有我们在其他平台购买的保险。虽然很多平台软件支持后期手动添加，但是添加必须按照这个平台已有的规则，我们用起来可能并不一定方便。

　　第二个就是长期使用问题。很多保险都是长期保险，但是平台的长期性不一定能和保险周期持平，不说这些平台倒闭的问题，就是一些软件可能用着用着就找不到了。

　　我本人不使用第三方软件，我会用最基础的办公软件管理保单，用起来不但方便，而且保单管理的所有类目都可以自己定义，一目了然。下面我就把这个表格分享给各位读者，如表2-15所示。

表2-15　保单管理表格

被保险人	保险公司	保险名称	保额	保障期限	交费期限	保费	投保人	受益人	续保卡号	报案电话
小张同学										
小钟同学										
大宝										
二宝										

其实我们会发现一份简单的表格用起来更加方便，而且看起来一目了然。如果习惯用纸质保单，就可以把这份表格打印出来，直接和所有的纸质保单放在一起。

保单管理的本质是让自己用起来更加便捷，我分享的方式是我这些年喜欢用的方式，如果你自己已经有了更便捷的方式，也没有必要强行更换。

2. 不同的保单续保应该怎么交费

从保单续保的角度来分，我们买的保险主要分为两种，一种叫作主动续保，另一种叫作自动续保。

我们先讲比较简单的自动续保。自动续保是我们在购买保险的时候，填写投保人的银行卡号，在第二年需要交保费的时候，保险公司就会自动在这个银行卡里扣对应的保费。这种是最为简单的续保方式，完全不需要我们做任何操作，保证银行卡里有对应的保费金额即可。

不过在自动续保的时候会出现一种情况：在保险公司自动扣款的时候，卡里面并没有钱，这样就会导致交费失败。一般这种情况不需要太过于担心，因为前面讲过，续保有 60 天的宽限期，我们只需要在宽限期内把钱存入银行卡，那么保险公司会自动划扣。也就是说，保险公司在续保划扣保费的时候，不会只在交费日划扣一次，如果第一次划扣不成功，后面会定期再进行划扣。而这个时候又会出现另外一个问题，有一些消费者在第二年不想续交保费，但是还没有选择退保，如果忘记了划扣的事情，那么保险公司依然会从卡里面自动扣钱，所以这个地方也经常会出现纠纷。如果在第二年不想交费了，就一定要记得不要在卡里面存钱了，不然这个保费是不能追回的。

主动续保相对来说就复杂一些。主动续保一般会有两种情况，一种情况是原来购买的产品还可以继续购买，那么保险公司就会直接给我们发送一条续保短信，我们在续保短信的链接上直接续保即可。如果想自己主动续保，在保险公司官方 App 或者是官方公众号上都可以。另外一种情况就是产品停售了，那么我们就没有办法续保，只能重新购买一份产品。

3. 如果想退保，应该怎么退保

很多消费者其实都不知道，退保是每一个消费者的权利，我们可以在任何时候选择退保。我的咨询用户里面就经常有很多人会问道：为什么自己想退保，保险公司却不给退？其实这些人遇到的可能不是保险公司不给退保，而是卖他保险的业务员骗他不能退保。下面我们就详细阐述一下，退保到底应该怎么退。

退保一般有三种方式，分别是线下营业厅退保、线上官方平台退保以及邮件退保。有的保险公司支持三种方式，有的只支持其中的某一种。

线上官方平台退保是三种方式中最为便捷的，一般只需要我们登录官方 App 或者官方公众号，在相关界面选择退保。一般情况下，退保返还的金额在 1～3 个工作日就可以到账。有的保险公司产品体验做得非常好，有时候返还金额几分钟就可以到账。

邮件退保需要我们本人先给保险公司拨打电话，然后保险公司客服会给我们的邮箱发送退保操作指南，我们按照具体的操作指南进行操作即可。

线下营业厅退保是三种退保方式中最不方便的一种，因为必须我们本人到现场。而这种方式，现在只有一些比较传统的大公司在用，有的公司甚至要求必须通知我们的代理人，要代理人协同一起才可以退保。

无论使用哪种退保方式，我们退保的权利是没有任何限制的，退保的金额也是合同规定好的，一定是退到我们本人的卡上。而退保的金额可能会有损失前面已经反复阐述过，这里就不做赘述了。

讲到退保损失，很多消费者就会有另外一个疑问：我们交了几年的保费，最后退保的时候连保费的一半都退不回来，有没有办法可以减少这样的损失呢？这个时候，现实生活中就出现了另外一个行业，专门帮助消费者去做全额退保。为了防止消费者上当受骗，我们这里重点阐述一下这个问题。

全额退保的套路主要有两种，第一种就是纯骗局。一些人利用消费者不想承担退保损失的心理进行诱导，引导消费者交纳 1000～2000 元不等的服务费，但是当消费者交完以后，消费者就再也找不到这个人了。

第二种方式就复杂一些，这些人号称如果不能全额退保，不会收取任何费用，只有全额退保成功之后，才收取一定的服务费，这个服务费一般高达退保费用的 30%～50%。很多消费者都会接受这种方式，反正退保不成功不收费，哪怕是最后收取了费用，找别人帮忙退保最终到手的钱也会比自己正常退保到手的多，怎么算自己都是划算的，但这种方式会比第一种方式更加可怕。

要了解清楚这个事情，我们就必须说一下这些人承诺消费者全额退保的逻辑。其实并没有所谓的全额退保一说，而一些消费者之所以做到了全额退保，无非是去威胁了保险公司，让保险公司担心受到监管部门的处罚。

现实生活中，确实有一些消费者是被保险从业人员误导购买的保险，当消费者发现被误导的时候，为时已晚，如果继续交的话，又觉得这个保险真的不适合自己，实属浪费钱。如果不交就这么退保的话，那么损失就会很大，前文说过，第一年退保的损失可能高达 90%。那么这些消费者就会向银保监会投诉自己被骗的事实。而这个时候银保监会就会向保险公司施加压力，保险公司就会给消费者全额退还保费。如果真的是在某一些保险从业人员的诱骗之下购买的保险，我们是可以向保险公司申请全额退保维护自己的权益的。

这个事情就成了打着全额退保名义这类人的工具了，有一些消费者明明是自愿购买的保险，但就是不想承担退保的损失，这类人就会诱导这些消费者去伪造被保险从业人员诱骗的证据去威胁保险公司，如果保险公司就范，那么"皆大欢喜"，消费者能退到更多的钱，代理退保的人又可以赚取高额的服务费。

在这个过程里面，无论全额退保是否成功，这类人都已经赚到了想要的利益。很多读者朋友可能会疑惑，不是退保不成功不收费吗？这些人怎么赚钱呢？其实他们赚的更多是售卖个人信息的钱。

如果想全额退保，我们就必须要给这类退保机构提供保单的所有信息，保单的信息可谓是非常详细，从电话、住址、身份证号到家庭收入等都会暴露无遗，一条这样详细的数据，市场价格在几百元到上千元不等，而且这些信息还属于消费者自愿提供给这些机构的。这样大家也就明白了，为什么这些人敢说不成功不收费，其实无论退保成功与否，他们都已经把钱赚了。更有一些过分的机构，他们不但售卖消费者的信息，还利用消费者保险知识的匮乏，重新诱骗消费者去购买新的保险以赚取更多的金钱。

如图 2-29 所示，银保监会一直在大力打击这类非法退保黑产。这里我也提醒各位消费者，切勿掉入这样的骗局中，如果想维护自己的合法权益，可以找相关部门进行投诉。

"代理退保"骗局套路深 银保监会常态化扫黑除恶

《通知》提出,要继续执行《中国银保监会关于银行业和保险业做好扫黑除恶专项斗争有关工作的通知》要求,并对常态化开展扫黑除恶斗争作出工作部署。值得注意的是,《通知》列出...

央广网　5天前

非法集资案涉保险 银保监会严打震慑

今年1月25日,北京银保监局发文称,部分未经保险中介业务许可或备案,但名称中包含"保险代理、经纪、公估"字样的机构,涉嫌以保险、保险中介、分红理财、代理维权等名义开展非...

中国经营报　4天前

整治"代理退保"乱象

整治"代理退保"乱象2022-04-30 08:10 来源:中国经济网-经济日报 近日,四川银保监局等三部门联合发布通告,准备建立协作机制整治"代理退保"乱象,依法依规处理涉嫌违法犯罪...

中国经济网　4天前

图2-29　中国银保监会整治"代理退保"乱象新闻

到这里,本章的内容就全部结束了,下面我们一起回顾一下重要的知识点。

- 保险合同其实更像实操手册,我们需要用框架性思维去使用它。

- 理赔流程并非我们想得那么复杂,按照保险公司的要求配合即可。

- 买完保险并非万事大吉,我们一定要做好保单管理工作。

给系统班毕业同学的一封信

同学，你好！

很高兴我们又见面了，当你看到这封信的时候，说明本书的全部内容你已经看完了，而看完本书的你，我相信，一定是一位非常优秀的人。这并不是客套的奉承之话，而是事实。在这个快节奏的时代，可以看完十几万字保险书的，一定是位极其自律和对自己生活有要求的人。而作为本书的作者，我很庆幸有你这样的读者。

书的内容已经全部结束了，我相信你对于如何规划自己家庭的保险以及选择什么样的产品，已经有了一个大致的想法，但就某一款具体产品的分析可能还不那么熟练，或者就某一份保单可能还不知道具体的优缺点在哪里。如果你有这样的困惑，我想告诉你，这个事情急不得。

本书虽然已经写得非常落地和实操，但是依然是理论知识，想要熟练掌握一款产品的优缺点，需要的一定是动手能力。这个就像我们学习开车一样，所有的知识都已经具备，但是真正上路的时候，还是会有一些手忙脚乱。等你真的开了一段时间以后，你会发现无论是脚踩刹车的动作，还是打方向盘的意识，都已经深深地印在了你的脑海中，简单来说就是熟能生巧。我之所以能快速看懂一款产品并分析优劣势，主要就是每天都要评测产品，看得多了，做得多了，自然就熟悉了。不过如果你已经掌握了我帮助你画的各类产品的框架模型，我相信你一定可以举一反三，事半功倍。

本书写作的初衷是教会大众规划自己的家庭保险，但是我相信，在众多的读者中，一定有一些高净值（可投资资产在600万元以上）用户。本书并没有就这部分用户的整体规划做详细的讲解，主要有以下几个方面的原因。

（1）财务收入不同。不同财务收入的人对于保险的需求点会完全不同，高净值人群对保险的需求往往会从保障方面向服务方面倾斜。比如很多人只需要购买百万医疗险，而很多高净值人群会重点关注高端医疗险，尤其是高端医疗险的配套服务。

（2）保障和理财的侧重不同。高净值人群会更侧重保险的理财功能，而逐渐淡化保障类保险的经济损失弥补功能。

（3）复杂度不同。对于高净值人群，保险规划必须和家庭的财务规划结合，甚至要与家庭的养老规划、教育规划、移民规划、身份规划、税务规划等方面结合。在从业经历中，我为众多高净值用户做过保险规划，他们基本上已经脱离了对保障类保险的规划。

（4）个性化不同。基于高净值家庭的规划复杂性和多样性，其实就没有一套完整的标准可以给到读者，只能根据不同用户的不同情况逐一定制。所以也是这样的原因，我并没有在本书中重点讲述高净值用户的保险规划问题。

另外本书并没有就社保和财产险方面做详细的讲解，这个问题并非我不想讲，而是在这个方面，我只能算是略懂，比起真正在这个行业沉浸十几年的学者，我只能算是初学者，所以就不班门弄斧了。读者朋友如果对这些方面感兴趣，可以阅读机械工业出版社的其他书籍。

已经读完本书的你，有什么话想对我说，或者想对其他读者朋友说的，希望你可以在购买渠道的评论区谈谈你的看法。

最后祝各位读者朋友身体健康，阖家欢乐。

你的朋友，张岩

聊聊写这本书的心路历程

这部分纯属闲聊天，如果你打算阅读这个部分，我希望你就像听一个老朋友在和你絮叨他对保险的看法一样，没有对和错，只有他的心里话。

聊聊我对保险的看法

先聊聊我对保险的看法吧。我并非科班出身，大学的专业是国际贸易，而研究生读的又是工商管理，可以说和保险这个行业真的关系不大。但是人生就是这么奇妙，居然让我在这个行业一做就是十几年，日后可能就是几十年了。

从我进入这个行业开始到现在，这个行业的名声都不算好。即使到现在，在一些新认识的朋友问我从事什么的时候，我都很少说我是保险行业的，基本都说我是做培训的。

这个答案可能会让你大跌眼镜吧，一个在这个行业这么久的人，居然是不太"认可"这个行业的人。其实我不是真的不认可这个行业，而是怕说了我是做保险的，很多人会对我"敬而远之"，怕他们会以为我要卖给他们保险。其实你看，这就是保险在很多老百姓心中真实的样子。

我从来不主动和身边人聊保险，一般只有他们有保险问题，我才给他们解答。我不喜欢普及我们为什么要买保险这件事，甚至可以说在我所有的知识内容和课程中，你都很难找到相关的问题。就拿本书来说，你会发现书中所有的内容，其实全部都是解答怎么买、买什么的问题，但是对为什么买保险，我一点都没有解答。

我一直认为为什么买保险应该是自己去想明白的事情，而不是别人告诉你。我甚至很反感每天追着用户卖保险的那些人，尤其是还把自己包装成有"大爱"的人，感觉是为了用户好，为了用户以后不会因为没买保险而后悔，似乎现在就是在"拯救"用户。当然，这类人也非常讨厌我，经常在我的自媒体账号里面骂我。

就像我在书中说的，保险只是家庭风险的一种解决方案而已，你可以选择这个解决方案，也可以不选择，没有绝对的正确。因为每一个家庭对方案的选择都是不一样的，谁说不买保险一定就是错的，而买保险就是对的呢？当然，在条件允许，已经充分了解了一类保险优缺点的情况下，适当购买保险确实是不错的选择。但是我真的特别讨厌一些人为了卖保险去忽悠人，天天宣传保险多么多么好，最终让老百姓误解保险，结果造成现在这样的局面。世界上任何一个事物都有两面性，有缺点，有优点，我们选择一个事物之前应该充分了解其优缺点。

再说一个可能偏极端的例子，无论是否买保险，其实最后为这个选择负责的都是我们自己。作为成年人，我们应该为自己的选择买单，无论这个选择是正确还是错误。在我众多的咨询用户中，其实最终选择在我这里购买保险的人的比例并不高，主要因为我很少帮用户做决定，我只会给他们讲原理，帮他们客观中立地评测一款产品的优缺点，但是大部分用户其实都希望我帮他们做选择，因为我没有给他们答案，最终他们选择了给他们答案的人。我这样做的原因是,我害怕我帮他们做的选择不是他们自己真实的选择,当有一天他们后悔的时候,会说这个选择不是他们自己做的。

说到这里,你其实也了解了我这个人,我喜欢帮助别人答疑解惑,我会帮助他们分析原理,但是我不喜欢帮别人做决定。这和我的成长经历有关系,我父母都是没有什么文化的人,基本从我读小学开始,我所有的决定都是我自己来做,我父母从来不管。我不想读书,我父母就说不读,我想谈恋爱,我父母就说谈。无论我做什么样的决定,上大学,选专业,谈恋爱,结婚,买房,等等,我父母从来不多说任何一句话。他们的答复永远只有一个,我们做父母的,能给你的就这么多,你的决定无论是对还是错,那都是你的人生,你需要为自己的人生买单。

也是这样的经历,造就了我从来不喜欢别人帮我做决定,也不喜欢帮别人做决定。也是因为如此,让本书有了这样另类的讲法,不是宣传保险多好,只是客观中立地告诉你它的优点和缺点。

虽然是闲聊天,我还是希望补充一点,以上只是我个人对保险的看法,我不知道是对还是错,所以我不希望这样的想法影响到你,我希望你有自己对保险的看法。

聊聊我对保险行业的看法

再聊聊我对保险行业的看法吧。虽然这个行业名声不好,但是现在确实在慢慢变好,我相信这离不开所有人的努力。一些高素质的从业人员开始进入这个行业,他们不单纯为了卖保险赚钱,而是真正帮助用户解决问题。但是依然有很多现象被用户诟病。

比如增员。现在大部分保险公司依然走传统的人海战术,每天不断地招人。招人不但可以增加自保件,还可以利用人海战术不断拉新人。也是这样的原因,导致进入保险行业的门槛极低,而保险又是极其专业的行业,不是简简单单给员工培训几天他们就可以出去销售的。

我认为保险行业应该是精英行业，甚至这个行业的专业素质是不亚于投行的。保险行业涉及投资、医学、法律、精算等相关领域，难道不是精英行业吗？

经常有看了我内容的用户来咨询我，也想像我一样加入这个行业，但是我往往都会和他们说这个行业的现实。

加入一个行业，不单单是为了喜欢，也是为了赚钱养家。那么普通的保险业务员靠什么赚钱，其实主要就是卖保险。但是如果你真的想客观中立地在卖保险赚钱的同时出圈，事实就是，在短时间内基本是天方夜谭。

作为一个在保险行业还算有一些名气的从业人员，每天都会有用户来咨询，而且我还有大量的用户基础，但是我的业绩可能还不如一个从业一年左右的保险业务员。为什么？在目前阶段，用户嘴上都是说喜欢客观中立的人，但是在实际销售过程中，如果你真的说了太多产品的缺点，基本上很多用户就放弃了。而往往只有不断用产品的优点去宣传的业务员，最后业绩才会更漂亮。这就是大家经常说的，理想很丰满，现实很骨感。当然，我并不是说那些业务做得好的人就不中立客观，而是说，在没有一定积累的情况下，想靠中立客观出圈基本是不太可能的。

另外一个局限是保险公司的模式决定的。你加入了某一家保险公司，你售卖的就是这家公司的产品，那么你又谈何中立客观呢？难道你找的用户都正好适合这家公司的产品？这个概率不算高。虽然现在也有很多保险经纪公司代理很多公司的产品，但是那样就能做到绝对中立客观吗？也不一定，因为它们售卖代理的产品也有限。

怎样才可以做到真正的中立客观呢？当你的收入不完全取决于你卖保险的佣金，你的价值观又正确时，你才可以和用户说，哪款产品真的适合用户。但是这个行业暂时不是这样，虽然国家已经在大力鼓励个人保险代理人的发展，但是很多保险公司基本没有任何动作。

如果想做到绝对的中立客观，那么短期内是不可能的，如果你已经进入了这个行业并且发展得很好，多半也只能是部分中立客观，这个时候，你又要问问自己了，这和你想加入这个行业的初心还一样吗？

很多金融行业都做到了真正的产销分离，就是生产产品的公司只负责生产产品，而销售的问题就交给专业的机构。第三方机构对用户负责，收咨询费，可以帮助用户做一套匹配他们的方案，而产品也是根据用户需求去匹配，机构不为任何一家公司站台，只为用户发声。但是这里面也存在一个弊端，就是有可能哪家公司给的佣金高机构就会卖哪家的产品，这个时候可能需要用户自己有一些辨别能力，最起码此时销售人员会尽可能做到中立客观。

虽然愿望是美好的，但是现实的商业环境却不是这样，所以我才说，如果你真的准备加入保险行业，一定要看清现实，就和我们对待保险产品一样，没有绝对的好和坏，只有适合和不适合。

聊聊我对保险公司培训的看法

可以说我非常讨厌保险公司的培训，虽然我曾经就是一名保险公司的培训讲师。另外提前说一下，在和你聊这部分内容的时候，我提出的这个问题，其实我自己都没有解决方案，所以你只能拿它当一个"吐槽"来看。

很多保险从业人员经常说某某公司就是保险行业的黄埔军校，甚至不同公司的人还会为了这个东西争得面红耳赤。其本质就是我们自己已经被保险公司的培训洗脑了，我们学习的保险知识和理念都是公司灌输给我们的，而当我们看到其他信息和我们在公司学习到的知识不一样时，大部分人天然的反应都是对方是错的，而公司是对的。只有极少数人才会跳出公司培训的思维方式，中立客观地看这个问题到底怎么样。

就拿本书中的一个观点来举例，重疾险到底要不要绑定身故责任购买？如果你问 100 个大型保险公司的人，最少有 90 个人告诉你一定要这么买。其中有 45 个人可能都不知道重疾险可以不绑定身故责任购买，因为他们接触的培训知识和产品就是这样，如果没有主动学习的习惯，是不可能跳出这个圈子的。而另外 45 个人可能会告诉你绑定身故责任购买的好处以及不绑定身故责任购买的缺点，主旨一定是绑定身故责任购买更好。为什么这么说，因为公司就是这么培训的，而且公司只有绑定身故责任的重疾险，难道要他们说绑定身故责任购买不好，那这保险还怎么卖？最后也许只有 10 个人会中立客观地告诉你，其实各有各的好，但是这类人实在太少了。

这里借用芒格的一句名言，如果你手里只有锤子，那么看什么都是钉子。很多大公司都没有不绑定身故责任的重疾险，难道你能要求它们的培训老师告诉业务员不绑定身故责任购买的好处吗？我曾经就是这么做的，但是最后我只能离开保险公司。

我在这里说，其实并不是吐槽保险公司的培训不好，而是它们基于自己的商业逻辑就要这么做，这也是我一开始说的，我对这个问题也没有解决方案。所以，如果你想一直在保险行业发展，就不应该一味认可公司的观念，当你看到了和公司不一样的观念的时候，应该仔细思考一下，到底谁说的有道理，它的原理又是什么。只有这样，我们的认知才不会被局限。

我经常给学员讲的一句话是，如果你不想了解你认知以外的事情，那么你的用户就会比你更了解。要知道，在这个自媒体发达的时代，用户可以了解到任何信息，而对于某一个信息我们自己都不了解的时候，我们又拿什么来说服用户，从而体现我们的专业性呢？

就比如已经读完本书的读者，他的专业能力不亚于大部分业务员了。当这样的读者遇到一个不知道有不绑定身故重疾险的业务员时，你认为用户会怎么看这个业务员？

　　如果作为从业者的你，正好看到了这本书，我希望你可以静下心来，好好思考一下，我的哪些观点是正确的，哪些观点是错误的，多问为什么，这是我在学习过程中经常鞭策自己坚持的原则之一。我相信，书中的观点不一定都是正确的，但是这不正是我们努力学习的原因之一吗？只有知道自己不知道什么，才能真正成长。

最后聊聊写这本书的心得

　　我从来都没有想到自己可以写一本十几万字的保险书，因为我的文笔太差了。但是机械工业出版社的老师给了我很多信心，他们说我的内容很有价值。在这里我想告诉你的是，没有什么事是一定的，我一个文笔这么差的人，经过练习，也能完成写作，我相信你也可以。

　　写书确实不是一件轻松的事情，虽然在这之前我已经写了几百万字的自媒体内容，但是当真正开始写书的时候，我发现书对整体架构和语言逻辑方面的要求真的太高了。这个时候，我其实特别感谢我这些年坚持看书的习惯，比如今天看一些历史的，明天看一些哲学的，虽然有些还不一定看得懂，但是总喜欢翻一翻。而且我喜欢在各个学习平台上看各种老师的课程，相关的 App 真的是喜欢学习的人的福音。

　　最后，我特别想感谢参与本书出版过程的所有人。原来每每看到其他作者在后记里面写要感谢亲人、出版社的老师等，我心中一直有一个疑惑，这是不是客套。但是当我真的自己写完一本书出版以后，我才发现这真的不是客套，是用心去感谢。

　　如果把出版一本书比作生产一辆车，那么作者只能算是一个设计师而已。作者看似工作量很多，但是把"图"做好以后，需要有各个岗位的人帮你推进，没有这些人的辛苦付出，一切只是纸上谈兵。最为关键的是，作者还需要其他老师帮助对接各个环节，处理编辑、校对等工作。所以，我要在这里郑重地感谢我的爱人钟瑜以及机械工业出版社的各位老师，如果没有你们的帮助，这本书大概率是不会出版的，我在这里给你们鞠躬了，谢谢你们。

好了，同学，我想对你说的话已经都说完了，如果你也有想对我说的话，可以在购买渠道的评论区告诉我，我看到一定会回复你。